Die rote und die weiße Mentalität
von Nikolai Rau

„Wege entstehen dadurch, dass man sie geht."
Franz Kafka

„Nur wer seinen eigenen Weg geht, kann von niemandem überholt werden."
Marlon Brando

„Gehe nicht, wohin der Weg führen mag, sondern dorthin, wo kein Weg ist, und hinterlasse deine Spuren."
Jean Paul

„Auch aus Steinen, die einem in den Weg gelegt werden, kann man Schönes bauen."
Johann Wolfgang von Goethe

„Krieg entsteht nicht dadurch, dass sich viele Menschen streiten, sondern dadurch, dass sich nur eine Person den Krieg wünscht, weil er keinen Frieden kennt."
Nikolai Rau

Inhaltsverzeichnis:

Biografie

Ich möchte in diesem Buch meine
Gedanken über das Leben festhalten,
damit anderen Menschen helfen und
über meine Jugend berichten. Ich
wohne mit meinen Eltern zusammen,
die mich schon seid Kindesbeinen an
kennen und lieben gelernt haben. Ich
wurde in einem Krankenhaus geboren
und in einem Kinderheim zur
Adoption freigegeben. Was damals
passiert ist mit meinen leiblichen
Eltern weiß niemand zu sagen, da
sämtliche Aufzeichnungen über
meine Herkunft vernichtet wurden.
Ich wurde dann mit sieben Monaten
von zwei wunderbaren Menschen
adoptiert, die ich über alles liebe und

die mich auch immer geliebt haben. Sie haben mich immer gut behandelt und beschützt in meiner Kindheit und sie haben mir auch zum Teil den Weg zu meinen heutigen Gedanken und meinem von Gedanken umflossenem Leben geebnet. Sie waren die ersten in meinem Leben, die mich von meiner Kindheit an bis heute so genommen haben, wie ich bin. Und sie haben mir auch versprochen, dies immer weiter zu tun und mich damit zu beschützen, egal, was ich für Ziele habe oder wie stark ich mich von ihnen oder von den anderen Menschen in meiner Umgebung verändert, oder man könnte vielleicht auch sagen abgespalten oder getrennt, habe. In meinem Leben musste ich,

wenn auch mir nicht bewusst, mit der Abspaltung und der Isolation anderer Menschen kämpfen oder damit leben. Ich wollte dieses Buch schreiben, weil mir vieles im Leben passiert ist und weil ich denke, dass es auch vieles im Leben geben kann, das uns zwar in irgendeiner Weise auch prägt, aber auch zu unserem eigenen tieferen Sinn führt. Ich möchte meinen Leserinnen und Lesern neue Erkenntnisse beibringen und vielleicht ihnen auch eine neue Lebensweisheit oder Lebensweise mitgeben. Ich bedanke mich jetzt schon ganz herzlich bei Ihnen, dass Sie dieses Buch lesen und mich, oder vielleicht auch sich selbst, verstehen wollen.

Einführung

Für mich gibt es eine, wie ich sie nenne, „rote" und eine „weiße Mentalität". Es handelt sich hierbei einfach um die simplen Fähigkeiten, die man als Talente versteht, oder die man sich angeeignet hat. Entweder beherrscht man etwas vollständig oder gar nicht. Dazwischen „sollte" der Prozess des Lernens liegen, und zwar nur dieser Prozess. Ich habe gelernt, dass viele Leute, denen ich begegnet bin, diesen Lernprozess als ein „kleineres Talent" wahrnehmen. Diese Menschen wollen nichts Neues erfahren oder erkennen und bleiben demnach lieber bei „der Hälfte". Dies geschieht auch in Freundschaften und im ganzen Leben. Viele dieser mir bekannten Menschen haben Angst davor, was passieren könnte und kalkulieren sich alles schon vorher aus, bleiben dabei aber immer bei ihren alten Vorstellungen. Hier möchte ich mitteilen, dass mir dieses „Erhalten" auch ein Problem war bis zum heutigen Tag. Verschiedene Leute wollen von jemandem nichts wissen, wenn sie bemerken, dass er ihnen etwas völlig Neues und Unbekanntes bringt. Daraus habe ich erkannt, dass es eine Art System dafür geben muss, etwas zu lernen, etwas, dass viele Leute nicht erkannt haben. Es existieren, nach meiner Erfahrung, unzählbare Mengen an Fähigkeiten und Gefühlen, für die man mal mehr mal weniger Zeit benötigt, um sie zu verstehen, die uns aber anscheinend auch nicht wirklich bewusst sind oder die wir ausblenden. Das was wir lernen prägt nur in sofern unseren Charakter, so dass wir beim Erlernen einer neuen Fähigkeit oder von Wissenswertem etwas „verlernen" könnten. Wir können und sollten uns auch nur auf eine Sache konzentrieren um wirklichen Erfolg zu haben bei dem, was wir lernen wollen. Wenn wir nur zur Hälfte etwas lernen oder schon darüber nachdenken, wird uns eine innerliche Unruhe verfolgen. Das ist diese „rote Mentalität", die Gefahr und die innerliche Verklemmtheit, etwas nicht zu kennen oder zu können. Wenn wir etwas direkt bis zum Schluss lernen oder uns antrainieren, kommt die „weiße Mentalität" ins Spiel. Sie gibt uns eine innerliche Freiheit etwas zu können oder uns mit etwas ohne irgendwelche Bedenken zu beschäftigen. Ich möchte damit mitteilen, dass der Mensch sich darauf mal ohne wirkliche Bedenken einlassen sollte, etwas neues auszuprobieren, auf Grund seines eigenen Willens. Man muss etwas „kindlich" annehmen können. Ich musste diese Erfahrung machen um mich heute besser zu verstehen und auch die Absichten anderer. Unsere Gefühls- und Gedankenwelt ist nicht nur riesig, sondern kann uns auch helfen, andere Leute zu verstehen.

Und dies ist sehr wichtig im Leben, die wahren Absichten und Gedanken anderer Menschen zu verstehen und sie darauf aufmerksam zu machen, um diesen innerlichen Frieden zu finden. Es existieren zwei Arten von Fähigkeiten. Welche, die sich auf das Individuum selbst beziehen und welche, die sich auf andere Menschen beziehen. Mir wurde und wird auch noch dies verwehrt, meinen vollen Willen zu zeigen. Ich möchte aber meinen Leserinnen und Lesern sagen, dass jeder Gedanke und Wille erlaubt und vor allem auch wichtig ist. Ich möchte in den folgenden Kapiteln meine Geschichte von meinen ersten Schritten bis heute an erzählen, meine Gefühlswelt dabei beschreiben und diese auch mit einigen philosophischen Zitaten verbinden und veranschaulichen. Bitte bedenken Sie, dass dies nur meine Erfahrungen sind. Ich möchte mit diesem Buch nur erreichen, Ihnen etwas neues, Ihnen Klarheit zu bieten. Am besten wäre es, wenn Sie sich jeden Punkt, jeden Gedanken und jedes Zitat für sich in ihrem persönlichen Erfahrungsbereich durchgehen und somit vergleichen würden.

Bitte öffnen Sie sich dem Neuen!

Kapitel 1

Meine ersten Schritte

Ich wurde wahrscheinlich in einem Krankenhaus geboren und danach in einem Kinderheim untergebracht und zur Adoption freigegeben. Nicht einmal die Ärzte und Krankenschwestern wussten genau über sie Bescheid, da man nicht viele Dokumente über sie besaß. Meine jetzigen Eltern, mit denen ich mein Leben bis jetzt verbrachte, haben mir davon erzählt, was damals im Krankenhaus passiert ist und wie ich schon damals mit nur ein paar Monaten gekämpft habe um mein

Leben. Ich hatte eine extreme beidseitige Lungenentzündung und hätte sogar fast sterben müssen. Die Schwestern haben damals allerdings alles für mich getan, dass ich wieder zu Kräften kam. Die Krankheit war von sehr langer Dauer, aber obwohl ich auch noch dazu viele Medikamente bekam, sagten die Ärzte, dass ich die Krankheit, obwohl das nicht üblich ist, vollständig besiegt hätte und mein Körper gegen die Krankheit sehr gut ankommen konnte. Bis heute sind meine Eltern davon erstaunt. Meine Eltern, die mich adoptiert haben, wollten unbedingt ein Kind, einen Sohn, adoptieren, da sie keine Kinder bekommen konnten und sich aber sehnlichst eins wünschten. Sie waren damals schon gutherzig und wussten bereits sehr viel über Kinder. Ich denke, dass sie auch, nachdem sie einfach das Buch aufgeschlagen hatten und mich zufällig auswählten, wussten, wie ich gegen diese Krankheit gekämpft habe. Und ich wusste wahrscheinlich damals schon, wie sehr ich sie liebte. Meine Mutter erzählte mir, dass sie mich im Kinderheim immer besucht hatten und ich anfing zu weinen, als sie gehen mussten, so dass schon die Krankenschwester anfing mit meinen Eltern zu schimpfen, dass sie weniger kommen sollten. Das war wahrscheinlich eine sehr sehnsüchtige Zeit für meine Eltern. Weiter kann ich davon nicht berichten. Außer dass mein Vater der erste war, der mich auf dem Arm trug. Als meine Eltern sich auch bei den Richtern durchkämpften und sie mich endlich mitnehmen konnten, waren sie und wahrscheinlich auch ich froh, endlich nach Hause zu kommen. Viele meiner Verwandten hatten in meinem neuen Zuhause auf mich und meine Eltern gewartet. Als sie mich dann gewaschen und mir das Haus gezeigt hatten, wussten meine Eltern schnell, dass ich auch zwar ein sehr ruhiges, aber auch ein sehr neugieriges Kind war, das sich zuerst die Menschen erstaunt ansah und dann nach ein paar Sekunden gelacht hatte. Ich weiß, glaube ich, noch bis heute, wie ich immer still gesessen hatte und mir alles anhören musste. Es war alles sehr interessant für mich, dieses neue, schöne Zuhause. So etwas habe ich wahrscheinlich als kleines Kind nie wahrnehmen können. Und ich habe auch noch genau dieses Bild vor mir, wie ich zum künstlichen Tannenbaum gekrochen bin und dabei helfen wollte, ihn aufzubauen, da es gerade Weihnachtszeit war. Es war alles sehr anregend für mich, dieses Neue und Unbekannte zu ergründen. Daher, obwohl man das nicht genau sagen kann, entwickeln sich hierbei schon Gefühle, die sowohl positiv, als auch negativ sein können. Es kommt auf die Gedankengänge an. Ich habe zwar nicht über etwas nachdenken können, aber die Bilder haben sich bei schon damals eingeprägt, so, dass ich sie bis heute noch von meinen sieben Monaten, die ich dort alt war, abrufen kann, weil ich genau weiß, was das auf mich für ein Eindruck gemacht hat. Ich hatte auch schon, seitdem ich gehen kann, das Gefühl von Freunden gleichen Alters auffinden zu können, da wir Nachbarn mit gleichaltrigen Kindern hatten. Ich denke, es kam mir alles schon damals sehr erwachsen vor, dass ich mich mit solchen Kindern unterhalten und mit ihnen spielen konnte. Meine Eltern wollten mich zu einem vernünftigen jungen Mann erziehen, da sie wahrscheinlich das in ihrer Familie so gewohnt waren. Es fiel mir schon mit zwei bis drei Jahren auf, wer nach meiner Meinung und nach der Meinung meiner Eltern richtig handelte und wer nicht. Vielleicht war das auch schon die erste Prägung durch jemanden, die Einprägung einer Eigenschaft. Damals kannte ich aber natürlich die ganze andere Welt nicht, weshalb ich auch noch nicht so viel für das Leben lernen konnte, bis zu meinen Tagen in der Kindertagesstätte. Aber wie mir meine Eltern auch noch heute von mir erzählen, war ich ein sehr aufgeschlossenes, nachdenkliches und wissensdurstiges Kind, das noch von damals die Eindrücke aus seiner Umgebung in kindlichen Gedanken festhalten konnte, anders und intensiver, als meine gleichaltrigen Kameraden. Ich hatte selbst über meinen Garten, über diese riesigen Pflanzen und den Schnee im Winter Gedankengänge, die man selbst nicht beschreiben kann, vielleicht als erste Wahrnehmungen eines Kindes, aber in anderer Weise. Die Gefühle, die ich speziell im Winter beim Verstecken-Spielen hatte, haben mir gezeigt, dass es Gefühle gibt, die ernster sind oder werden können, z.B. das Verstecken vor einer Person im Winter. Da der Winter etwas rauer und sehr kalt war, war dies ein anderes, drängenderes Gefühl, als im Sommer. Über solche Sachen habe ich schon damals nachgedacht, oder sie so zumindest aufgenommen, da sie für mich sehr

speziell waren und ich von denen
schon damals wusste, dass sie im
späteren Verlauf meines Lebens
wichtiger werden könnten.
Manchmal, als meine Großmutter zu
Besuch war, wurden mir immer
Lieder in plattdeutscher Sprache und
auch geistliche Lieder vorgesungen.
Die Nähe, die ich da von meinen
Eltern oder meiner Großmutter
gespürt hatte, waren für mich ein
Schritt in das schöne Verborgene.
Diese Verborgenheit beruhigte nicht
nur, sondern sie war auch ein
Interesse von mir und sie öffnete mir
schon damals Türen zu einer ganz
neuen und sinnlichen Gefühlswelt,
die ich bis heute noch, genau durch
diesen Kindheitstagen in mir trug und

mich vor allem in meiner Bekehrung, bei mir hatte. Mir fällt hierzu ein Zitat aus dem Orient ein, die besagt, dass um so verborgener etwas ist, desto schöner dies wird. Ich habe auch heute gelernt, dass obwohl ich frei sein möchte, etwas neues zu Lernen oder zu erfahren und mich allem zu öffnen, darunter sich auch Erfahrungen befinden, die einen Menschen ins Verborgene bringen können, wie es z.B. der Fall bei mir im Einfluss der Lieder war. Solche intensiven Gefühle und Gedanken habe ich mir bis heute bewahren können, gerade durch diese Neugier, aber auch durch das „kindliche Ergeben" von damals wie heute. Jetzt im Erwachsenenalter habe ich auch nun endlich verstanden, dass wir diese kindliche Ergebung sogar in manchen Situationen immer noch brauchen. Ich erinnere mich manchmal sogar noch genau, wie es damals war. Ich lag einfach da in diesem kleinen, für mich damals großen Raum, zugedeckt lag und diese schönen Melodien auf mich einprasselten. Und auch, wenn sich das in manchen Punkten widersprechen mag, muss man sich auch vor neuen Dingen kindlich ergeben und sich darauf einfach mal einlassen. Hier möchte ich ein Zitat eines Psychologen zum Nachdenken mitgeben, der aussagt, dass die Gefühlswelt anders als in der Gedankenwelt keine wirkliche

Ordnung besäße. Als ich dies verstanden hatte, habe ich auch dieses eigentlich biblische Zitat von der kindlichen Ergebung auch besser verstehen können. Allerdings sollte ich bald auch damit anfangen, dass Leben in einer Menge und in einer Gesellschaft und mit dem verbundenen Denken zu erlernen. Dies war damals für mich der erste Schritt, zusammen mit der Gedanken- und mit der Gefühlswelt, ins Erwachsen- oder Älterwerden einzutreten, auch wenn es mir damals natürlich nicht bewusst sein konnte. Diese Bilder, die ich bis heute noch in mir herumtrage, helfen mir dabei, aus meinem zugegebenermaßen komplizierten Gedankengängen, manchmal Gefühle herauszufiltern, die man ohne weitere Gedanken in sich aufnehmen und mal einfach genießen sollte. Hiermit möchte ich aussagen, dass jeder mal darüber nachdenken sollte, wie sehr das Erwachsensein und die Kindheit doch miteinander zusammenhängen und wie wichtig beides für das jeweils andere ist, denn ich habe oder musste dies mit meiner schon damals höheren Sensibilität wahrnehmen und mir klarmachen. Ich wusste damals natürlich nicht, dass sich meine Gefühlswelt noch zeigen wird, aber ich wusste, dass sich alles verändern kann. So habe ich schon damals gewusst, dass meine Gefühle und Gedanken sich noch bemerkbar

machen und aus mir hinaussteigen
werden.

Kapitel 2

Der erste Aufstieg meiner Gefühle

Zugegeben muss ich ab diesem Kapitel langsam anfangen, darüber tiefer nachzudenken über das, was ich über mein Leben schreiben möchte. Denn ich denke, dass die Kindheit ja auch noch so eine Zeit war, in der man wie eine „leere Speicherkarte" ist und zwar schon Eindrücke, aber noch keine richtigen Erfahrungen gewonnen hat. Ich unterscheide hier explizit davon, da ich aufgrund meines Nachdenkens über meine Kindheit gelernt habe, dies zu unterscheiden, was genau für einen Menschen „Eindrücke" und „Erfahrungen" sind. Eindrücke sind in diesem Fall für mich keine wirklichen Wahrnehmungen, sondern nur ein Abbild von dem, was man damals als Kind für interessant und neu empfand. Man „wollte" damals zuerst was lernen, aber man hat noch nicht so viel von seiner Umgebung wahrnehmen können. Eine „Erfahrung" hierbei ist wirklich das, was man direkt als Emotion spüren kann. Ich war damals auch in der Kindertagesstätte dafür bekannt, ein sehr wissensdurstiges und vielleicht auch ein draufgängerisches Kind zu sein. Allerdings hatte ich auch schon eine blühende Fantasie und was die anderen von mir wollten oder von mir dachten war mir relativ egal. Ich war eher auch ein Kopfmensch, ein Mensch, der nicht einfach die Umgebung wahrnimmt, sondern sie in seinen Gedanken festhält und immer wieder versucht, die Gefühle, die sich daraus schlossen, zu bewahren. Ich wiederholte allerdings auch meine Gedankengänge, nur um wahrscheinlich Fehler zu finden und sie zu korrigieren, da ich trotz allem auf der Suche nach Neuem war. Ob ich mich damals so „unschuldig" und ohne Taten, wie es bei einem Kind üblich war, gewesen bin, wagte ich schon damals zu bezweifeln, da ich nicht wirklich das annahm, was mir gesagt wurde. Eine „Erfahrung", die ich damals gemacht habe und die mich auch wirklich getroffen hat, war diese, dass ich immer in meiner Welt sein wollte und mich nie auf die anderen Kinder eingelassen hatte, da sie so anders wahren und wirklich immer nur das taten, was die Kindergärtnerinnen machen wollten. So hat mir eine Mitarbeiterin immer im strengen Ton sagen müssen, was ich zu tun hätte und dass das, was ich mache, einfach nur eigenartig war, weil ich nicht so sei wie die anderen Kinder. Z.B. hatte ich mich für lange Zeit in eine Uhr versteckt, die da in der Kindertagesstätte stand, und wollte dort nicht rauskommen. Da musste diese Dame sofort schon kommen, dort hineinschauen und mich sofort damit erschrecken, indem sie sagte, dass dieses Verhalten überhaupt nicht dem der anderen Kinder entspreche. Für mich war das schon ein Schock, allerdings war mir dies nicht wirklich bewusst gewesen, was diese Dame damals getan hatte, da ich doch hören wollte, was sie mir zu sagen hatten. Wahrscheinlich nicht einfach deswegen, weil mich meine Eltern zu einem vernünftigen Jungen erziehen wollten, sondern gerade auch deswegen, weil ich auf der Suche nach etwas Neuem war und mir dies, auch wenn die Worte der Mitarbeiterin mich hart trafen, einen Anreiz gegeben hat, weil ich dies ja nicht kannte. Aber gerade weil ich dies nicht kannte und ich doch durch jemandem gelenkt wurde, wusste ich auch nicht, was das in meiner Gefühlswelt hinterlassen würde. Ich glaube heute, dass diese Erfahrung für mich nicht das ist, wie ich es jetzt hier beschrieben habe, sondern damals eher ein Reiz dazu war, einfach mit meinem persönlichen Gedanken weiterzumachen, in Verbindung damit, dass mich jemand gereizt hatte. Dies hatte sich bis noch spät in die Zeit des etwas anderen Lernens eingeprägt. Es gab aber damals auch Zeiten, die ich sehr genoss. Es gab immer schöne Spiele, eigenartige Orte, in denen man neue Sachen für sich selbst herausfinden konnte für seine eigene Gedankenwelt, und natürlich auch eine „beste Kindergärtnerin". Ich kann es nicht genau sagen, was ich fühlte, aber ich denke, sie hat mir die meiste Zeit dabei geholfen, neue Sachen zu finden. So etwas kannte ich selbst von meinen Eltern nicht. Meine Eltern brachten mir alles sehr emotional bei, so, dass ich mich wie ein „Sohn" fühlen konnte. Bei ihr war das anders. Sie machte nicht alles wirklich emotional, aber sie brachte mir die neuesten Dinge bei und half mir, mich in meinen Gedanken wohlzufühlen. Und sie gab mir dabei schon so eine Art Geheimnis mit, dass mich, wie ich heute verstehe, mich selbstständiger machen sollte. Es war aber eher hier wieder ein Gefühl für mich, eine „Empfindung". Als mich meine Eltern abholten, war dies wieder eine ganz andere Welt, das habe ich schon damals nicht nur wahrgenommen, sondern auch verstanden. Meine Eltern wollten nicht wirklich die gleichen Vorgehensweisen an mir anwenden wie die Kindergärtnerinnen, aber sie versuchten es trotzdem manchmal, was ich auch schon damals mit meinen jungen Jahren verstand. Ich weiß noch, dass ich damals zwei große Weltraumbücher hatte. Das eine davon war schon sehr alt, hatte mich damals aber auch schon fasziniert. Als ich ein neues, größeres Buch über den Weltraum geschenkt bekam, war dies wieder was neues tolles für mich. Hier würde ich aber sagen, dass dies schon keine einfache Empfindung, sondern schon eine Erfahrung war, da mich dieses neue Buch erstaunen sollte, nicht nur mit den Bildern außen herum, sondern auch mit den Wissen im Buch. Mein Wissensdurst war so groß, dass ich immer zuhause dies von vorn bis hinten las, aber mir auch nur manchmal die beeindruckenden Bilder ansah. Es war damals schon interessant zu wissen, dass es da draußen Dinge gibt, die um uns herum sind und wir die „Macht" dazu besitzen, diese großen Dinge im Weltraum zu erforschen. Vielleicht war damals schon „Wissen ist Macht" eine Erfahrung für mich. Im Kindergarten war das manchmal eine

Freude, der Beste zu sein, dies war bei jedem so. Da habe ich auch dieses Buch immer mitgenommen und den anderen es gezeigt. Die Kindergärtnerinnen waren damals schon von meinem Wissensdurst begeistert, so dass sie wahrscheinlich mit dem Wort „Intelligenz" meine eigene Art und den anderen Kindern meinen Eltern zeigen wollten. Ich denke, sie wussten schon damals, dass ich doch ein sehr philosophisch denkender Mensch war, einfach auf meinen Gefühlen basierend. Sie bemerkten dies auch, als ich versuchte, in einem Spiel der Beste zu sein. Ich spielte damals in eine Art Tanz-Spiel mit, in der man sich im richtigen Moment hinsetzen sollte um nicht aus dem Spiel auszuscheiden. Da ich immer versucht habe, alles locker aber mit einem ernsten Hintergrund zu sehen, da ich auch den anderen Kindern und Erwachsenen nachgehen wollte, habe ich versucht das Spiel zu gewinnen. Da ich noch der letzte in der Reihe war, kam mir es nicht mehr wichtig vor, der „Beste" unter den Kindern zu sein, sondern habe nur versucht, mein kurzfristiges Glück zu suchen. Da ich heute weiß, wie die Kindergärtnerinnen auf mich reagierten, weiß ich heute auch, dass die Kindergärtnerinnen, meine Eltern und vielleicht auch selbst die anderen Kinder, erkannten, dass ich mich von niemandem, sondern nur von meinen

Gefühlen leiten lassen wollte. Es gab immer wieder Situationen, in denen es nicht wichtig war für mich, wie die anderen zu sein. Es gibt immer diese kleinen verborgenen Elemente, die einen Menschen in einem Gefühlsrausch werfen konnten. Dies war auch an meinem vierten Geburtstag der Fall. Anders als an meinen ersten drei Geburtstagen war dieser schon größer. Diese ganze Freude darauf, sich mal einfach auslassen zu können und so zu tun, als sei man schon erwachsen, war ein so prägendes Gefühl. Ein Beispiel kann ich hier nennen. Für mich war der Abend schon damals eine Freude, da ich wusste, dass dort an einem Feiertag etwas großes passieren würde, aber selbst die Vorfreude am Tag, die man hat, führt einen noch mehr dazu. Es war eine große Freude, dass mir meine Großmutter ganz zu Anfang ein Brettspiel geschenkt hatte, was ein sehr neumodisches war. Es war ebenfalls etwas neues. Dies haben wir so lange gespielt, bis die anderen Gäste abends kamen. Meine Mutter filmte alles und auch den Moment, als ich die Kerzen auf dieser wunderschönen Torte ausblies. Ich denke, diese Situationen, auch wenn es nur Kleinigkeiten sind, sollte man immer sein Leben komplett auskosten können, so lange es geht. Ich versuche immer das zu bewahren, was ich schon einmal erlebt habe, genau wie z.B. diese ganzen

Momente, aber ich versuche dies immer mit etwas Neuem zu verbinden. Viele Menschen von heute und von damals, die ich kenne, von denen würde ich manchmal denken, dass sie selbst so eine simple und natürliche Einstellung des Menschen nie verstehen werden. Ich habe heute erkannt, dass sich Menschen zu viele Gedanken über ihre eigene Gefühlswelt machen, so dass sie schon den Willen dazu haben, sie als etwas Abstoßendes abzutun und sie zu vergessen oder zu verdrängen. Gerade diese Leute, wie ich denke, wollten es auch nicht wirklich zulassen, dass ich meinen eigenen Weg gehen wollte, denn ich selbst hatte davon zu viel Angst als kleines

Kind, jemandem davon zu berichten oder es einfach in diesem Moment gerade jemandem zu erzählen, was ich genau gerade fühle. Aber wenn man selbst jemandem was von seiner Gefühlswelt erzählt, werden selbst bei den „harten Schalen" die weichen Kerne geöffnet. Meine Erfahrung, die ich aus diesem Abschnitt meines Lebens mitnehmen konnte als Kindergartenkind, ist, dass sich Menschen leicht auf etwas einlassen können, ohne es bewusst wahrzunehmen und selbst auch, wenn sie ganz anderer Meinung sind, bzw. nur in ihrem Laufrad leben, die sich nicht einmal auslassen möchten. Hierbei möchte ich eine Aussage eines Psychologen mitgeben, der sagte, dass wir Menschen uns selbst gar nicht mal richtig bewusst darüber sind, wie sehr wir andere Menschen beeinflussen können. Und diese Menschen, die ich beeinflusst habe, wissen es meistens auch selber nicht, dass sie jemandem beeinflussen und auch selbst beeinflusst worden sind. Und dabei muss man nicht mal einem Menschen etwas genau erklären können, sondern es reicht allein schon etwas locker heraus zu sagen, was man gerade denkt. Heute weiß ich noch genauer, dass wir doch so unterschiedlich wir auch sein mögen, eigentlich alle in der gleichen Blase leben. Hier hatte ich schon das Gefühl, dass alles wirklich eins ist, obwohl ich noch in meiner

Gedankenwelt gefangen war und ich noch von nichts eine Ahnung hatte. In jedem stecken Gedanken, die herausgekitzelt werden können und sogar müssen, genau aus dem Grund um zu erkennen, dass andere Leute genau die gleichen Gedanken haben könnten. Da ich dies verstanden habe, ist dies heute, wenn ich mich darauf konzentriere, nicht einfach das bloße Wissen, dass dies so ist, sondern man kann dies auch einfach spüren. Diese Freude daran zu haben, dass alles eins ist und dass die Menschen um dich herum Menschen wie du sind, kann sogar das bloße Wissen, dass dies so ist, überströmen. Ich denke, den meisten Leuten ist das gar nicht bewusst, dass sie trotz obwohl sie wissen, dass es Menschen um sie herum gibt und das sie nicht allein auf der Welt sind, dass sie doch in einer Welt leben, die mehr als nur Wissen birgt. Mit dem Älterwerden begann hier für mich das Kapitel der neuen Art des Lernens. Als ich bald auf die Grundschule sollte, war ich sehr traurig darüber, dass dieses Kapitel abgeschlossen ist. Ich weiß nicht genau warum, aber vielleicht habe ich doch diese Zeit einfach ohne jegliche Erklärung und ohne richtigem Wissen vermisst.

Kapitel 3

Eine neue Kunst zu lernen

Der Titel sagt aus, dass es auch eine andere Form von „Lernen" gibt und zwar das schulische Lernen. Innerlich freute ich mich auf meinen Schritt in Richtung „Älterwerden". Andererseits hatte ich natürlich auch ein wenig Angst vor das, was mich erwarten würde in der Schule. Schon in der Kindertagesstätte war dieses Wort ein sehr neues und hochangesehenes Wort. Ich erinnere mich noch daran, wie alle Neulinge, die in die erste Klasse kommen sollten, vor dem Einstieg in die Kirche gehen sollten, da dort die älteren Schüler etwas vorbereitet hatten. Noch zuhause bekam ich eine Schultüte, die jedes Elternpaar ihren Kindern gebastelt oder gekauft hatten. Ich war damals überfroh, weil ich der letzte war, der eine Tüte bekam. Ich fühlte mich so, als hätte ich die speziellste Schultüte bekommen. Als ich sie aufmachte, freute ich mich natürlich auch sehr darüber, was drinnen war und wie die anderen Kinder reagieren würden. Die anderen Leute waren sehr erstaunt über die Spielsachen, allerdings wurden manche auch misstrauisch, was mich schon damals zum Nachdenken gebracht hatte, warum dies so sein könnte. Es sollte dann noch von jedem Einzelnen und von allen Kindern ein Foto gemacht werden, aber wahrscheinlich wollte ich auch dort nicht so gerne in die Schule. Ich dachte mir wahrscheinlich, dass ich Angst davor hatte, auch neue Dinge, die mir nicht bekannt waren, zu untersuchen, aber es waren auch die anderen Kinder, die mich schon aus den Tagen der Kindertagesstätte für meinen Wissensdurst komisch kamen. Aber ich hatte auch eine positive Grundhaltung dazu, da ich wusste, es würde etwas Neues und etwas Hochangesehenes auf mich zukommen, dass ich davon lernen kann. Mir war es auch dann egal, was um mich herum passierte oder was die anderen Kinder gesagt hatten. Ich wollte diese Vorfreude nur für mich bewahren und meine Ängste ausschalten, denn ich hatte auch viele Leute, auch meine Eltern, die mich darin unterstützten. Als wir alle, darunter auch meine Eltern, in der Kirche bei einem schulischen Gottesdienst anwesend waren, gab es diese älteren Schüler, die uns Jüngeren über ihre Ängste berichteten, die sie damals hatten. Solche Fächer, wie Mathematik gehörten dazu. Wir sollten dann alle eine Luftballon bekommen, ihn aufblasen, dann dort unsere Ängste, die wir vor der Schule hatten, aufschreiben und anschließend sie dann mit einer Nadel zum platzen bringen. Ich hatte auch, wie andere

Kinder, das Wort „Mathematik"
draufgeschrieben, aber ich dachte mir
in diesem Moment, was meine Mutter
auch bemerkte, dass ich auch nur für
eine kurze Zeit ein Mitstreiter sein
wollte um mich dabei etwas besser
und hochnäsiger zu fühlen, wie es
gerne die anderen in dem Alter auch
taten. Aber es half mir auch
tatsächlich zum Teil, meine Ängste zu
überwinden. Als wir fertig waren,
sollten wir schon nach Hause fahren
und feiern, ich wollte aber nicht, weil
ich mir noch alles ansehen wollte und
wissen wollte, was die anderen jetzt
machen, aber wir mussten schon
dringend fahren. Ich denke, dass ich
wirklich in jedem Augenblick eine
Art „Wissensdurst" verspürte, auch

wenn ich dabei genauso hochnäsig sein wollte, wie die anderen. Sie gaben mir Gelegenheit, diese ganzen reizenden Sprüche und Spiele zu lernen. Als wir zuhause ankamen, machten wir noch ein Foto zusammen mit unserer schon lange befreundeten Nachbarsfamilie. Deren Kinder waren gerade auch neu in die Grundschule gekommen und wir verbrachten viel Zeit miteinander. Meine und deren Eltern kannten sich auch aus ihrer Schulzeit aus ihrem Heimatdorf. Ich versuchte auch hier ständig etwas neues zu entdecken und natürlich auch dort die Nase etwas höher zu halten, aber meine Freunde, die Kinder unserer Nachbarn, waren damals besser darin, so schien es mir.

Meine Eltern brachten mir immer bei, höflich und nicht hochnäsig zu sein, weshalb mich die Sache von damals eher verwirrte. Ich wollte neue Dinge von meinen Freunden erfahren, aber sie waren das, was ich nicht sein sollte, und vor allem gab es darunter auch Leute, die aber sich auch von all den anderen abspalteten. Ich wusste schon damals, wer die „normalen" Kinder waren und welche es sonst noch gab. Als ich dann mit meinen Nachbarn für ein gemeinsames Foto posierte, bemerkte ich es schon mit meinen Wissensdurst damals, dass wir auch zu einer kleinen eigenen Welt oder auch einfach zu einer Gruppe gehören, da meine Eltern und deren Schulfreunde schon in ein ganz anderes Dorf aufgewachsen waren, und dass wir auch daher anders lebten und tickten als die anderen Kinder und Erwachsenen. Ich kann es nicht genau erklären, aber auch damals wie heute verbinde ich diese Tage und auch sogar die Erinnerung an dieses Foto noch an meine Zeit als Baby als ich noch im anderem Haus lebte. Es war alles eine Welt für mich, in der ich aufgewachsen bin, aber aus der ich auch hinaus wollte, nicht aus dem Grund, dass ich es als schlimm empfand, was ich bestimmt aber manchmal tat, sondern ganz im Gegenteil, weil ich einfach auch andere Dinge sehen und kennenlernen wollte, die mir ein ähnliches verborgenes Gefühl wie damals geben können, nicht mehr und nicht weniger. Ich würde sagen, mit dem Einstieg in die Grundschule habe ich es das erste mal geschafft. Die Schule war ein neuer Ort für mich, auch als ich da saß. Es gab in diesem Moment keine sorgenden Gedanken mehr für mich, sondern wirklich nur eine positive Aufregung. Dies habe ich hier zum ersten Mal gespürt. Es war alles neu für mich und auch das, was die Lehrer da sagten, war ein ganz neues Prinzip für mich, dass ich erst einmal noch in dem Moment positiv verarbeiten musste. Auf einmal gab es bestimmte Anforderungen, an denen man sich zu halten hat. Mir wurde aber auch ganz schnell klar, dass es auch schwierig für mich werden sollte, da ich wirklich manchmal keine Lust und auch keinen Mut hatte weiterzumachen. So geschah es schon direkt am zweiten Tag, dass ich in einem heftigen Streit geriet. An diesem Augenblick kann ich mich zum Glück nicht mehr ganz so gut erinnern, aber ich kann mich doch noch daran erinnern, dass ich doch für die anderen mein Interesse stark verlor. Es lag nicht nur an diesem Streit, es lag auch noch an den anderen Leuten, die mir immer etwas aufdrängen wollten, was ich nicht wollte. Ich wollte nur das machen, worauf ich gerade Lust hatte, aber ich wurde vom Wissen geprägt und fügte mich auch immer wieder in neuen Dingen. Es gab vor allem in der ersten Klasse immer schöne neue Dinge, die ich vielleicht ganz am Anfang noch nicht kannte, die schön und verborgen waren. Jede kleine Situation hatte aber auch einen Gemeinschaftsdrang. Mich interessierte aber dann doch wieder alles, was um mich herum passierte. Meine Sucht an Gefühlen und neuen Gedanken und Erkenntnissen, aber auch an neuem schulischen Wissen, stieg immer mit der Zeit, obwohl ich es dort noch nicht richtig wahrnahm, was da in mir vorging. So kam es mir vor, dass die zweite Klasse an mir vorbeirauschte mit all ihren positiven Situationen und Gefühlslagen, aber auch mit ihren problembehafteten Situationen und Streitigkeiten. Es gab aber auch Zeiten, in der ich mir besondere Gefühlslagen genau merkte. Es gab in den späteren Klassen schon höheres Ansehen und ernstere Themen im Unterricht und allgemein unter den Schülern. Hier gibt es sowohl schreckliche Bilder, die zwar keinen Sinn hatten, sie mich aber doch irgendwie beängstigten, aber es gab auch Situationen, in denen ich mich wieder frei in meiner Gefühlswelt bewegen konnte, die mich auch manchmal in ein früheres Kindesalter zurückwarfen. In der letzten Klasse der Grundschule gab es eine Klassenfahrt mit allen vierten Klassen. Das war damals schon eine ganz besondere Erfahrung für mich, da dies schon für mich ein

„erwachseneres" Leben in einer Gemeinschaft zeigen sollte, die mal weit weg von ihren Eltern sein wollte, die Jugend. Jeder dieser Situationen konnte bestimmte Spuren in mir hinterlassen, die damals, so kommt es mir vor, doch noch nicht viel anders waren als meine ersten Schritte. Es zeigte sich doch früher oder später, dass obwohl ich doch vor allem für die anderen Kinder, Eltern und Lehrer ein sehr einfältiges, auf sich bezogenes Kind war, dass in seiner eigenen Welt lebte, ein Junge oder schon ein Erwachsener sein wollte, der was von Gemeinschaften verstand und der sich auch ganz normal wie die anderen trotz seiner Gefühlswelt in einem Zusammenleben mit vernünftigen Leuten einlassen wollte und dieses auch anders wahrnahm, als die anderen damals. Vielleicht konnte ich, obwohl ich mich nicht viel integriert habe, schon in vielleicht auch späteren Situationen besser hineinversetzen und deren Gefühle verstehen als andere. Ich versuchte immer mit meinem Wissensdurst die Welt so wahrzunehmen, wie sie tatsächlich ist. Aber als Kind wusste man damals noch nicht, dass die Welt nur ein Schauplatz ist, in der nur wir uns selbst bewegen können und wir eigentlich von niemandem geleitet werden. Wir sind freie Menschen, das weiß ich heute, aber als Kind möchte man doch noch diese kindliche Ergebung behalten, da man nichts anderes kannte. Und da man sich vieles einfach hingeben und alles annehmen wollte, versuchte man auch immer wieder andere für sich zu gewinnen, dass sie auch für einen etwas tun. Ich denke, dass dies ein wichtiger Teil des kindlichen Denkens ist. Wenn man anfängt zu denken, werden aber auch einem mehr Gefühle geöffnet, von denen man bewusst weiß, dass man sie behalten und immer wieder gerne erleben möchte. Das habe ich damals für mich persönlich in dem Alter gelernt. Ein Zitat aus der Bibel möchte ich hier geben, in der geschrieben steht, dass man sich seiner Jugend freuen sollte. Das habe ich wahrscheinlich damals schon bewusst versucht und ich habe mich trotzdem auf niemandem einlassen wollen, ich wollte damals immer mehr und nahm auch noch die Wünsche von anderen nicht richtig wahr. Das ist diese kindliche Ergebung die wir heute auch brauchen, mal etwas Positives für sich zu gewinnen. Somit habe ich in diesem Abschnitt meines Lebens auch damit angefangen, mit Problemen umzugehen, die noch kommen sollten, die man damals aber eher natürlich als Grundschulkind ignorierte. Als ich diese Zeit beendete, fragte ich mich, was mich danach erwarten würde. Dieses Kapitel oder dieser Abschnitt meines Lebens soll ein Übergang in eine völlig neue jetzige Zeit sein.

Kapitel 4

Was wird mich erwarten?

In diesem Kapitel berichte ich von meiner Zeit in der weiterführenden Schule. Als ich die Grundschule beendete und auf die nächsthöhere Schule versetzt werden sollte, war dies schon in einer gewissen Art ein neues und ungewohntes Gefühl, da ich mir nicht wirklich ausmalen konnte, wie das jetzt mit meinem Lernen weitergehen sollte. Ich war schon ein bisschen erschrocken, denn ich wusste ja auch nicht, was mich erwarten würde oder auch welche Leute diese Schule besuchen. Aber aus irgendeinem Grund war ich sehr froh. Ich erinnere mich noch, dass wir einen Bündel von verschiedenen Informationen bekamen, wo geschrieben stand, dass wir jetzt ins Erwachsenenalter gehen und selbstständig werden würden. Das war natürlich für meinen Wissensdurst eine große Freude. Ich erinnere mich auch noch, dass alle Schulwechsler damals von der Bank eine Tasche zum Schulstart bekamen. Das alles waren Symbole von etwas Neuem, etwas Erwachsenerem. Die Gefühle spielten zu der Zeit ein wenig verrückt, allerdings war dies nicht wirklich schlimm für mich, da ich dies nicht wahrnahm, weil man mir immer gesagt hatte, es würde jetzt eine höhere Stufe erreicht. Ich hatte natürlich meine Sorgen wegen der anderen Schüler, die da mir ein schlechtes Bild von sich zeigen würden. Aber in dieser Ferienzeit konnten wir das alles doch vergessen und die Zeit genießen, da es jetzt alles anders werden sollte und das war sehr entspannend für uns alle, obwohl ich nicht wusste, wie das auf so einer höheren Schule jetzt funktionieren sollte, da ich mir kein Bild davon machen konnte, was der Unterschied zwischen der Grundschule und der höheren Schule sei. Mein erster Tag verlief sehr positiv. Die Leute dort, die in meine Klasse kommen sollten, waren mir schon von Anfang an irgendwie sympathisch. Es lag nicht daran, dass ich sie schon alle kannte, geschweige denn ich sie für freundlich hielt. Es gab dort eine Atmosphäre, die mir gefallen hatte. Auf irgendeiner Weise gehörte ich jetzt zu einer größeren, vernünftigeren Gruppe. Es war damals schon ein Kennenlernen von einer ganz anderen Welt, die etwas Besonderes an sich hatte, was man nicht von Bildern in Worte fassen kann, zumindest nicht genau. Was ich damals in dem Moment fühlte war eine Art „Abneigung" von dem, was ich bisher kannte. Ich spürte in dem Moment, dass es Leute gibt, die eine bestimmte Gefühlswelt haben und sich so zusammenfinden können. Diese Zeit hatte schon damals für mich, obwohl ich noch sehr jung war, etwas Rebellisches. Leider sollte die Zeit sich ändern. Es gab hier auch Schüler, die sich gegenüber mir fremd verhielten und das war eine sehr unangenehme Erfahrung. Ich denke, viele wussten über meinen Charakter Bescheid und tatsächlich habe ich hier auch schon unbewusst damit angefangen, über etwas Neuem zu philosophieren. Es gab neue Verbündete, aber auch neue Feinde. Und das erste Mal bemerkte ich hier wahrscheinlich, dass ich meine Klassenkameraden auch nicht auf einem Punkt bringen kann. Es gab zu der Zeit zu Beginn meiner höheren Schulzeit nur „schwarz" und „weiß". Ich hätte es damals nicht als solches bezeichnet. Meine Klasse gab mir damals irgendwie das Gefühl, dass obwohl es am Anfang doch zuerst gut und dann schwierig wurde, es könnte doch in irgendetwas, was schlecht oder böse erscheint, auch etwas Gutes herrschen. Ich erkannte hier, dass es Leute gab, die sich zwar schlecht benahmen, aber doch eine gute Seele hatten, so war es am Anfang dieser Zeit. In der zweiten Stufe der weiterführenden Schule kam mir noch eine neue Person vor den Augen. Ich bemerkte schnell, dass es noch eine gemeinsame Zeit zwischen uns geben wird, da ich sofort erkannte, was das für eine Persönlichkeit war und wir wurden Freunde. Es gab damals, wenn auch nur wenige Personen, denen ich vollends Vertrauen schenken konnte und ich als Freunde bezeichnete. Diese Zeit war auch ein Umbruch für mich. Ich glaube, es gab hier in der weiterführenden Schule so viele Umbrüche wie in keiner anderen Zeit, aber alles irgendwie auf dasselbe Gefühl aufmerksam machend. Und obwohl es Streitigkeiten gab, kann ich doch sagen, dass meine Freunde von damals, der eine mehr der andere weniger, in Wirklichkeit die eigentlichen Personen waren, die für mich eine treibende Kraft waren. Ich kann sagen, dass ich durch sie geprägt worden bin und dass ich auch viel von ihnen lernte. Es gab hier für mich in vielen Situationen ein

Gefühlschaos, ich konzentrierte mich aber doch immer nur auf das „schwarz" und „weiß". Ich wusste im Hinterkopf, dass ich immer gut handeln sollte, aber durch die Prägungen, die ich durchmachen musste und die ich von den verschiedensten Leuten habe, benahm ich mich natürlich auch daneben. Meine Eltern und auch die Lehrer bezeichneten dies am Anfang als „jugendlich", was ich aber heute weiß zu widerlegen. Es war nicht alles so, wie es hätte von dieser Gesellschaft sein sollen. Was ich damit sagen möchte ist, dass mein Wissensdurst und meine Gefühlswelt damals schon wahrscheinlich ein Einschnitt in den normalen Alltagsablauf für die anderen waren. Ich wollte zwar die meiste Zeit über auch in meiner Gefühls- und Gedankenwelt bleiben, also „anders" sein, allerdings verspürte ich manchmal den Wunsch, den ich schon in meiner Grundschulzeit hatte, nämlich ein normales Leben mit allen anderen Menschen zu bestreiten, egal, was ich für ein Mensch bin und egal, was ich für Gedankengänge hatte. Egal, wie ich geprägt worden bin, egal, was ich für eine Gefühlswelt hatte und egal, was mir meine Eltern für Moralen beibrachten, ich wollte mich nicht in der Gesellschaft anpassen, sondern in der Gesellschaft mit meinem Charakter aufblühen, aufgehen, also so akzeptiert werden, wie ich bin und das für mich und für die anderen mitzunehmen, obwohl ich damals noch ganz anderer Meinung war. Ich wollte eine Gesellschaft, in der ich mich persönlich entwickeln konnte und in der ich mein Individuum steigern lasse, obwohl ich damals mit meinen jungen Jahren noch ganz gegenteilige Vorstellungen davon hatte. Gedacht hatte ich mir wahrscheinlich, dass ich mitlaufen mit den anderen Schülern wollte, aber nur in den Dingen, die mir auch selbst gefielen. Wahrscheinlich habe ich damals aber auch das gespürt, dass ich doch nur meine Individualität entwickeln wollte. Gerade auf Grund diesen Themas, wie ich heute weiß, sollte es auch zu größeren Problemen

kommen. Es gab Zeiten, in denen ich
mich in der Schule sehr schlecht
benahm und die Lehrer oft Probleme
mit mir hatten, so dass ich schon als
Problemkind dargestellt wurde.
Eigenartiger Weise gab es aber diese
Freunde, vor allem einen besonderen
Freund, denen ich alles erzählen
konnte, was ich für Probleme hatte.
Es gab Menschen in meiner
Umgebung, die mich verstanden. Das
war ein wunderbares Empfinden.
Leute, die mit mir an meiner Seite
kämpften, so etwas Ähnliches kannte
ich damals noch nicht. Leute, die mir
zuhörten, und die gegen die anderen
waren, das war ein schönes Gefühl.
Es hatte mich, trotz aller
Schwierigkeiten, vielleicht auch auf

Grund meiner Freunde, nie tief getroffen, dass die anderen Schüler und Lehrer mich nicht akzeptierten und mich deswegen ausstießen. Vielmehr wuchs ich doch zu einer im Inneren lebenden „Bestie" heran, die gegen solche Leute immer kämpfen und verteidigen würde. Meine Gefühlswelt zu beschützen empfand ich als eine sehr angenehme Erfahrung. Viele Philosophen und Psychologen sagen, dass man als eine hochempfindsame Person seine „weibliche Seite" von seiner „männliche Seite" beschützen lassen sollte. Es gibt wahrscheinlich verschiedene Interpretationen dieser Aussage, aber für mich bedeutet es genau dies. Dies zog sich durchgehend in dieser Zeit durch. Auch in der Zeit während einer Klassenfahrt. Diese Klassenfahrt war ganz besonders für mich, da ich dort mich im jugendlichen Sinne in ein Mädchen verliebt hatte, so etwas, was viele Schüler meines Alters damals hatten, auch Liebeskummer gehörte in den Alltag dieser Menschen. Was ich damals aber schon anders empfand als die anderen mit solchen Gefühlen war eine Art Stolz, der viel größer war, als mein Liebeskummer. Ein Stolz, dagegen anzutreten, was mich quälte. Es war wieder diese „innere Bestie", die mit voller Kraft das bestreiten wollte, was andere als normalen jugendlichen Liebeskummer bezeichnen würden.

Ich habe mich von der einen auf der anderen Sekunde vollständig dagegen wehren können, was mich bewegte und somit konnte ich auch selbst dieses Gefühlserlebnis von damals verändern. Ich habe mir nur diese Erinnerung merken können, da ich erstaunt war, wie sehr Gefühle doch einen täuschen können, obwohl es sich so anfühlte, als sei mein Liebeskummer nicht weg und es sei einfach eine schöne Zeit für mich gewesen. Dies stimmt allerdings nicht. Ich war damals sehr erstaunt darüber, wie sehr man nicht nur gegen andere, sondern auch gegen sich selbst und seine eigenen Gefühle antreten konnte. So konnte ich auch im späteren Verlauf diesen Kapitels, wenn auch unbewusst, gegen Gefühle wie Stress und selbst gegen viele Sehnsüchte, die ich empfand, antreten. Das war das erste Mal, als ich ein Sprichwort bereits verstanden hatte, obwohl ich es noch damals nicht kannte. „Wer andere besiegen kann ist stark. Wer sich selbst besiegt ist mächtig". Ich wusste, wenn die anderen mir immer gesagt haben, dass ich mich anpassen soll und das ich eigenartig war, sie mich nur vom Gegenteil überzeugen würden. Ich durfte nicht aufgeben, das hatte ich selbst schon in meinen Zeiten meiner ersten Schritte lernen dürfen. Ich verstand jetzt, dass ich mich nicht anpassen sollte und durfte, sondern ich sollte mit meinem Wissensdurst nur das entdecken und annehmen, was mir selbst gut tat. So haben mir auch meine Freunde von damals viele Dinge gezeigt und beigebracht, die mich bis heute prägen. Ich hoffe, dass ich ihnen auch etwas davon mitgeben konnte, wenn auch nur einen kleinen Teil. Hier fingen wir an, auch ich, nach einem Grund für meine Probleme zu suchen, weil die Zeiten für mich an dieser Schule immer schwieriger wurden, sowohl für mich als auch für die anderen Besucher und Lehrer. Ich wollte dies auch, weil ich verstanden hatte, dass man für seine eigene innere Freiheit auch mal kämpfen musste. Diese zwei Dinge haben mich geprägt in diesem Kapitel. Zum einen diese neue Welt mit den Menschen darin, die versuchten, sich selbst in anderen wiederzufinden in ihrer Gedanken- und Gefühlswelt, zum anderen aber auch das selbstständige Wirken alleine gegen andere Leute und gegen seine eigenen Gefühle, die einem selbst schaden wollen. Das konnte ich mir hiervon mitnehmen. Für die Zukunft, für meine neuen, veränderten Lebenswege und für die Menschen in meiner Umgebung, egal, ob sie meine Freunde, Familie oder ob sie meine Feinde sind.

Kapitel 5

Die Suche nach einem Grund

Als ich aus meiner vorherigen Schule entlassen und auf eine andere Schule geschickt wurde, wollte man mich auf einer Schule mit Erziehern anmelden um wahrscheinlich herauszufinden, woran meine Probleme gelegen haben. Die erste Schule, die ich möglicherweise besuchen sollte, zeigte mir schon viele Dinge, an die ich mich erfreut hätte. Es gab da besondere Menschen, deren Art zu leben für mich damals als sehr freundschaftlich und kameradschaftlich aussah. Es war eine Schule, in der sich Leute mit ähnlichen Problemen treffen sollten um sich selber besser kennenzulernen. So etwas bekam ich auch in der nächsten Schule zu Gesicht. Es war mir alles sehr neu, da jeder Ort, so schien es mir, ein anderes System in irgendeiner Weise besaß, die die Struktur der dort Lebenden verändern konnte. Dies war einer von mehreren Erfahrungen, die ich in dieser Zeit machen konnte. Einer dieser Erfahrungen war diese, dass es Orte gibt, in der die Regeln ganz anders klingen und in der alles ganz anders funktionierte, auch vom Lernen her. Es war für mich als aller erstes sehr neu und auch unterdrückend dies zu erfahren. Aber ich gewöhnte mich schnell daran. An etwas konnte ich mich in dieser Zeit aber nicht so schnell gewöhnen. In dieser Zeit erfuhr ich, dass ich eine Schilddrüsenentzündung hatte und das wahrscheinlich schon länger. Wir waren sehr verwundet über diese These, da sie den Anschein hatte, viele Dinge aufklären zu können, die mich belasteten. Ich hatte von früheren Zeiten viele Eindrücke mitnehmen können, die allerdings so falsch waren, dass ich mir bald denken könnte, es käme doch nicht von irgendeiner Krankheit, aber sie machten mich doch krank. Ich hatte Angst, dass meine Gedanken jetzt vollkommen verrückt spielen würden bei so einer Diagnose, aber man wusste in dem Moment einfach nur nicht, wie man mit so einer „neuen, anderen" Krankheit zu kämpfen hatte, sowohl ich als auch meine Eltern, aber auch die anderen Leute in der Schule wussten nicht sofort, was dabei zu beachten war und was zu tun ist. Das war eine schwere Zeit für mich am Anfang. Ich hatte damit viel zu kämpfen, vor allem aber in dem, dass ich einen neuen Freund an dieser Schule fand. Diese eine Person hat für mich einen neuen Weg geebnet, so schien es, der mein Bewusstsein verändern sollte. Es kam mir so vor, als seien hier mit meinen alten Freunden von früher Welten aufeinander gestoßen, die sich aber meiner Meinung nach ergänzen ließen. Allerdings wollte ich diese neue Welt durch ihn auch selbst erforschen und nur mir darüber Wissen aneignen. Wir verbrachten viel Zeit miteinander und es gab auch Zeiten, in denen wir uns mit meinen alten Freunden auch trafen, mal einen Freundschaftsstreit hatten, uns aber wieder versöhnten. Aber das war irgendwie, wie es mir vorkam, nicht von Belang, denn ich wollte immer neue Dinge herausfinden, die ich irgendwie für uns zum Nutzen machen wollte, und dazu gehörte natürlich auch die Verbindung verschiedener Freundschaften mit all ihren Werten. Die Entzündung die ich hatte, spiegelte sich in so vielen wieder, so kam es mir vor, dass viele meiner Versuche auch scheiterten, aber ich nahm dies in dieser Zeit wahrscheinlich auch nicht wahr. Das einzige, was ich wollte, war, den Frieden und den Einklang mit allem zu finden und ich musste mich für meine Zukunft neuen Herausforderungen stellen. Aber meine Leidenschaften zeigten mir den Weg. Es gab Momente, die man heute als erwachsener Mensch vielleicht nicht mehr so praktizieren würde wie damals, jedes Merkmal hinterließ aber gute Dinge und Wege in mir, die ich damals wie heute genießen konnte, trotz aller Schwierigkeiten damals, die ich als große

Schwierigkeiten wahrnahm. Diese neuen Dinge, die ich lernte und die auch manchmal negativ sein konnten, haben mich in einem Rausch leben lassen, so war immer mein Gedanke. Ich habe so viel erlebt, auch mit alten Bekannten und Verwandten, die mich in dieser Zeit begleiteten. Diese Zeit kann ich nur als einen schnellen Rausch bezeichnen und als nichts weiter, denn es prallte vieles auf mich ein und es ging auch vieles sehr schnell. Dieses Jahr begann mit einigen kalten Wintertagen, erhellte aber im Sommer wieder, als ich mehr anfing von meinen neuen Bekanntschaften zu profitieren. Es war eine gute Zeit, obwohl mich noch vieles verfolgte, von denen ich auch nicht genau sagen kann, woher ich diese Dinge hatte. Ich verfolgte einfach meine Leidenschaft und suchte auch nach etwas, dass dies bestätigen konnte. Ich fing mit dem Kampfsport an. Es gab mir eine innerliche Zufriedenheit in vielen Dingen, dass ich mich selbst kennenlernen wollte, die Weisheit, dass man nur gegen sich selbst und nicht gegen andere antreten soll, aber das Wichtigste darin war es, etwas Neues zu entdecken. Ich glaube heute, dass es einfach nur diese Sehnsucht nach einem einfacheren, simpleren Zusammenleben in meinem Umfeld war, die mich dazu verleitet hatte. Ich hatte diese Gefühle von meiner Zeit in der Grundschule immer weiter ausdehnen können, von dieser Zeit der neuen Kunst etwas zu lernen, bis hin zu dieser Suche. Es sollte sich noch alles manifestieren, was ich von früher her von Gefühlen kannte und wusste, dass ich Entscheidungen treffen würde, die noch eine höhere Stärke von mir verlangen würden, meinen Weg zu meistern. Meine nächste Erfahrung sollte sich in den Lehrern von damals widerspiegeln. Jede Person dort wollte mir sagen oder weiß machen, woher mein Ich kommen würde. Es war eine lang anhaltende Erfahrung, die mir wahrscheinlich auch durch meinen guten Freund in dieser Zeit zeigen sollte, dass die Leute um mich herum nicht wirklich alles über eine

Person wissen müssen. Es war nur ein Schutz, eine Begutachtung, womit diese Lehrer dort arbeiteten. Und sie schritten ein, falls meine „Krankheit" zu groß wurde. Wer weiß heute, was sie damals alle meine Mitmenschen von mir dachten, als sie selbst? Die Aussage, dass es mir egal sein konnte, was die anderen über mich denken, gab mir hier so ein eindeutiges Zeichen, dass ich es für diese Zwecke gegen meinen Willen nutzen konnte. Vielleicht war gerade dies, was mir meine Mitmenschen hier, zuhause und in meinem Verein, mitgeben wollten, auch wenn sie das ein oder andere mal gegen mich diskutieren mussten. Wahrscheinlich taten sie dies alles einfach, um mich zu stärken. Ich sollte immer auf das warten, was mir am meisten bedeutete, Freunde, Familie und meine Leidenschaft, auf alles sollte ich warten und dafür kämpfen. Ich erfuhr hier in diesem Kapitel, dass die Zeit, in der ich mich gerade befand, nicht das Wichtigste für meine Zukunft sein musste. Egal, was sich ändert, es werden bessere Zeiten kommen. Ich glaube, ich verstand in diesem Moment, dass selbst gute Freunde kommen und gehen würden, aber es auch Freunde gibt, die für immer bleiben. Es war ein so simpler und sehr verständiger, einleuchtender Spruch, den ich mir aber nur für später unbewusst merken sollte. Ich wusste noch nicht, was sich alles verändern kann im Leben, auch im Zwischenmenschlichen, nur weil ich diese Dinge noch nicht erlebt hatte. Ich sollte mich noch besser kennenlernen in meinen noch jungen Jahren. Das war die Botschaft in dieser Zeit. Und wahrscheinlich sollte ich auch, nicht durch den Willen meiner Mitmenschen, sondern auch durch mein Schicksal, diese Botschaft mit meiner „Krankheit", die ich neben der Entzündung hatte, verbinden. Was ich als damals für einen mir unbewussten, immer schlimmer werdenden Rausch hielt, entpuppte sich heute als sehr nützlich für meine Zukunft. Dies tat sie während meine „Krankheit" die größte Macht über mich, mein Leben und über das Leben meiner Familie nahm, auch vielleicht über meine Freunde, obwohl sie nur meine Freunde waren und nicht meine Familie, die immer über alles Bescheid wissen mussten. Es war, als sahen meine Mitmenschen hier wieder deutlich, wie anders ich war oder wie anders ich sein konnte. Keiner hatte auch nur ein Wort darüber verlieren können über das, was mich aus meiner Vergangenheit für falsche Lehren, mit denen ich mich selber störte, um das zu ihren Nutzen, aber andererseits auch zu meinen Nutzen seitens meiner Freunde und Lehrer, zu machen. Es gab wieder einen neuen Einschnitt in meinem Leben. Ich wurde wieder schnell von einem Kapitel in das andere gezogen, was mir unbekannt war. Aber ich nahm alles nicht so ernst, weil ich nur immer darauf bedacht war, neue Erfahrungen zu sammeln. Wie ich später, aber auch hier bemerkte, war mein Wissensdurst mein ständiger Begleiter, obwohl mir das nicht bewusst war. Ich denke, mein „Schicksal" wollte hier mich wieder einmal schützen vor falschen Entscheidungen oder vor dem falschen Weg, den ich hätte einschlagen können. Alles in allem war dies eine schöne Zeit bis jetzt. Und ich freute mich auch tief im Inneren auf das, was noch vor mir liegt.

Kapitel 6

Die Krankheit

In diesem Kapitel möchte ich über eine schwere Zeit berichten, die ich erlebt habe. Ich glaube, das erste was ich darüber zusagen habe ist, dass dieses Kapitel wohl am kompliziertesten war. Es war eine Zeit, in der man natürlich Angst bekam vor das, was mit einem passieren würde zu der Zeit. Als ich noch die Erziehungsschule besuchte, war einer meiner vielen Gedanken, dass ich mich an vieles zu halten hatte, was mir die anderen Menschen erzählten. Ich wollte für jede

Dankbarkeit, die ich hatte, jeden Schritt genau überlegen und alles genau so ausführen, wie ich dachte, es sei richtig und nicht anders zu lösen. Ich erschuf mir sozusagen ein innerliches System von Abläufen, die ich einzuhalten hatte. Jeder kleine Schritt von dem ich dachte, er sei falsch, hatte mich innerlich „bestraft". Ich machte mich regelrecht mit diesen vielen Gedanken, die mir schon manchmal wie Zwänge vorkamen, verrückt. Ich bezeichne diesen Abschnitt, dieses kurze oder doch lange Jahr in meinem Leben, als Krankheit. Die Krankheit, die ich besiegen musste. Eine Erfahrung, die ich hier sammelte, war, dass ich endlich eine Art Zugehörigkeit bekam. Es lag nicht an das, was mir noch passieren würde. Es lag an das, wie mich die Menschen, die mich annahmen so wie ich bin, dass diese Menschen endlich einen Begriff für mich gefunden hatten. Ich wurde damit in eine Gruppe, in eine Persönlichkeit gesteckt, wie ich es heute nenne.Ich glaube, dass vor allem meine Eltern sich darüber schon im klaren waren, dass ich schon seit meiner frühen Kindheit, seit meinen ersten Schritten an, eine hochempfindsame, hochsensible Persönlichkeit bin und war und sein werde. Ein Mensch, der über jede Kleinigkeit nachdachte, da sie ihm etwas bedeutete. Es gab so viele Schubladen, die ich noch nicht geöffnet hatte, aber auch Schubladen, an denen ich mich gerne wieder und wieder erinnerte, in meiner Welt, die ich mit diesem Begriff, mit diesem „Titel" noch interessanter klangen. Und es war eine Zeit, in der nicht nur mein Wissensdurst nach etwas Neuem eine Rolle spielte, sondern hier spielte allein das bloße Nachdenken, das „Behalten" dieser Empfindungen eine große Rolle. Ich wurde mit meiner Krankheit in ein Klinikum gebracht, in dem man mich begutachten wollte, was denn mit mir los sei. Ich wollte in dieser Zeit nur, dass man mir zuhörte. Meine Eltern standen mir in dieser Zeit sehr bei, weil dies natürlicher Weise eine bedeutungsvolle Reaktion von einer

Mutter und einem Vater war. Es war eine sehr verwirrende Zeit für uns und für meine Freunde und übrigen Verwandte. Ich erinnere mich noch, wie mir meine Eltern sogar ein teures Buch mit vielen Sprichwörtern darin schenkten, in denen es im Hauptthema um „Heiterkeit" ging. Ich hatte diesen Begriff früher schon öfter gehört, denn er gehörte zu einer Großzahl bekannter und bedeutender Sprüche, die von großen Persönlichkeiten zu stammen schienen, und jetzt sollte ich mir diesen besonderen Begriff am meisten zu Herzen nehmen und darüber nachdenken. Ich wollte mich in vielen dieser Sprichwörter wiederfinden, und einer davon lautete: „Das uns

eine Sache fehlt, sollte uns davon
abhalten, alles andere zu genießen."
Ich hielt mich immer wieder an diese
Wörter fest um nicht an etwas zu
denken, was mir schon früher einmal
passiert war, nämlich an die
schlechten Dinge, die manche
Menschen über mich verbreiten
wollten. Ich wollte immer wie auch
hier im Moment bleiben und jeden
Tag mir zu Nutzen machen. Ich fand
kurzfristig neue Freunde, sah aber
auch, wie anders manche Leute sein
können. Manche Menschen haben
mich und ich sie vermisst, als ich
wieder gehen sollte und ich in ein
anderes Klinikum versetzt werden
sollte. Es gab hier aber auch solche
Menschen, von denen ich damals

dachte, dass sie vielleicht noch größere Probleme und Fragen hatten als ich. Ich sah in den verschiedenen Kliniken das erste Mal, wie schlecht und verwirrt manche Menschen im Inneren doch sein konnten. Es gab Menschen, die dadurch regelrecht krank wurden und die auch dann dadurch selbst durch ihre Umgebung, ja sogar durch ihre eigene Familie krank wurden, weil sie alle eine Angst hatten, die sie nicht zeigen wollten. Was mich von ihnen unterschied, so meine ich, war wieder der gleiche Faktor, der mir hier auch wieder ganz deutlich auffiel, nämlich meine tiefere Gefühlswelt und meinen ungeheuren Wissensdurst, darin weiterzuforschen. Die erste Zeit im ersten Klinikum kam mir sogar noch sehr hell und klar vor, so als ob doch noch alles im Moment gut wäre. Es lies mir den Anschein, als sei ich in eine Gegend gebracht worden, in der ich mich doch in irgendeiner Weise selbst entwickeln konnte, da sie den Eindruck machte, es sei hier in diesem Gebäude alles friedlich und es gäbe hier nur Leute, die nur zusammen ihre Zeit und ihre Tage miteinander verbrachten. Es gab hier aber auch manche Tage, die immer noch mit guten Seiten erfüllt waren, in denen aber einige Leute ihre wahren schlechten Gefühle nicht mehr besiegen konnten. Ich weiß nicht, ob diese Menschen in meiner Umgebung im Klinikum diese

Gefühle eher verbergen wollten, aber sie machten oder wollten zumindest nicht den Anschein machen. Sie suchten, manchmal auch wie ich, genau nach anderen Menschen, die ihnen Halt geben würden. Die Ärzte versuchten doch schon, jeden von uns in einer gewissen Weise zu helfen, in dem sie uns bestimmte Tugenden beibrachten. Ich sollte früher oder später erfahren, dass manche dieser Tugenden aufgezwungen sein sollten. Es war alles und in allem einfach ein Ort, in dem man versuchte, die Patienten, die dort im Klinikum waren, auf ein gemeinsames höheres Verständnis bestimmter Dinge zu bringen, die man angeblich nicht ändern könnte, so zum Beispiel, dass einige erfahrenere Leute die „Oberhand" in diesem gemeinsamen Spektrum hatten. Man wollte uns alle dort versuchen, die Gemeinschaft in Vernunft und Ordnung gegenseitig beizubringen. Was aber die Ärzte und auch die anderen Patienten, aber auch vielleicht meine eigenen Eltern nicht wussten in dieser Zeit, war, dass ich bereits wusste, was eine wahre Gemeinschaft ist. Ich wollte also damals schon wieder anders sein und handeln, als mir die Ärzte dort es beibringen wollten. Ich hatte andere Vorstellungen von einem gemeinsamen Leben, ein Leben, das viel simpler und einfacher sein sollte, da dies der einfachste Weg war, so erschien es mir schon damals. Ich hatte meine eigenen Ziele, die ich immer, egal bei welcher Belehrung, befolgte, nur meine eigenen. Denn mein Leben sollte viel simpler und einfacher sein. Ich wollte meine Krankheit nicht mit den Krankheiten der anderen Mitstreiter vergleichen. Das konnte ich nicht, da ich schon dazu schon irgendwie wahrnahm, dass dieses Problem, diese Krankheit einen anderen Grund hat. Ich wusste, wie gefährlich es sein konnte, nicht zu wissen, was in einem der Patienten vorging, das wussten die Ärzte nicht. Sie wollten praktisch nicht auf mich hören und zeigten mir nur ihr Wissen an. Es gab dann Tage, in denen mich die Krankheit auch stärker überfiel, so dass ich einfach nur von allem

Schlechten umgeben war. Ich wusste mich, daraus zu befreien, obwohl es in diesen Tagen mit meinen zwanghaften „Dankbarkeits-Zeugnissen" fast unmöglich und banal erschien, dass ich es auch nur versuchte. Ich wollte auch hier wieder zeigen, dass meine Gedanken über meine Krankheit und die der anderen Menschen anders sind. Ich ging immer meinen eigenen Weg. Ich versuchte auch gegen Ende dieses Jahres weiser zu sein, als die damals Jugendlichen es waren. Wahrscheinlich lag dies aber noch an einem anderen Grund. Es gab selbst hier wieder eine Person, die mich sehr prägte und die mir neue Dinge in meiner eigenen Welt zeigte, aber die ich auch aus banalen Gründen habe gehen lassen. Ich versuchte mich nicht, an anderen gegangen Leuten festzuklammern, versuchte aber auch, mir immer daraus eine Weisheit für meine anderen Mitstreiter zu ziehen. Es gab immer Menschen, die auch meine Worte hören wollten. Ich hatte mich hieraus mit dieser Erkenntnis heraus gekämpft aus dieser Zeit, dass ich zwar, so schien es mir, „erwachsener und weiser" geworden bin, aber mich andererseits auch nicht über die anderen Menschen mit ganz anderen Problemen damals stellen wollte. Der Wissensdurst verlangte damals von mir zu dieser Zeit, dass ich meine innerlichen „Kämpfe" ruhig und einer innerlichen

Zufriedenheit und Zufriedenstellung in Ruhe begehen sollte, denn es gab hier zu dieser Zeit keinen Grund dafür, mich unnötig aufzudrehen. Es sollte alles langsam gelebt werden, aber so, dass der Kampf schnell vorüber ging, da ich schon fast die Tage zählen konnte, an denen ich mit mir und auch mit den anderen Menschen zu kämpfen hatte. Ich hatte hier, wenn auch in einer komplizierten und verwirrenden Zeit, erneut und noch in einem genaueren Sinn erkannt, wie wichtig es ist, jedes Problem nochmals von Neuem zu durchdenken. Ich habe in meiner Jugend gelernt, „erwachsen" in nur jeder erdenklichen Situation zu handeln. Mit Ruhe und Gelassenheit, eine innere Heiterkeit zu finden, das war damals für mich eine Kunst, die ich nicht einfach in einem Spruch der Weisheit wiederfand, sondern in eigener Erfahrung, obwohl ich auch hier diese Erfahrung nur unbewusst machte. Es gab mir den Mut, weiterzumachen und es einfach so anzunehmen, wie es mal nicht anders sein konnte. Ich wollte, dass die Lehrer und alle anderen Menschen, die ich damals kannte, eine neue Möglichkeit, einen neuen Versuch gaben. Sie sollten es mich unbedingt noch einmal versuchen lassen, meinen Weg in der Bildung zu finden. Denn alsbald wollte durch diese Erkenntnis der Heiterkeit mein Wissensdurst auch ans Licht kommen, und nicht nur das, sondern auch noch was anderes. Meinen Willen weiterzukämpfen, mein Kampfgeist wurde geweckt.

Kapitel 7

Lasst es mich noch einmal versuchen!

Ich war hier in dieser Zeit zu einem Punkt gekommen an dem ich mir immer wider sagte, dass es doch noch einen anderen, weitaus vernünftigeren Weg für mich geben muss. Es konnte und musste auch nicht sein, dass ich immer wieder zurückgedrängt wurde in meinem Leben, so dachte ich in diesem Moment. Ich wollte versuchen wieder herauszufinden, wieder einen neuen besseren Weg einzuschlagen, einfach mit dem Hintergrundgedanken, dass es einfach sinnlos war, solche wertvolle Zeit zu verschwenden, wie ich es im Klinikum hatte erleben müssen. Ich brauchte meine wertvolle Zeit um etwas in meinem Leben zu vollbringen, einfach weil es mir gut tat und nicht aus dem Grund, den andere gelehrte Menschen mir nennen wollten, woher meine Probleme, die ich eigentlich damals nicht hätte haben sollen, denn herkommen sollten. Ich und meine Familie haben und wollten nicht loslassen von dem Gedanken, dass wir jetzt dafür sorgen mussten, dass alles in meinem Leben wieder eine Richtung finden sollte. Was uns zu Anfang in der Zeit der Entlassung noch nicht zu erfolgreich und glücklich vorkam, sollte sich ganz anders entfalten. Ich ging ganz einfach wieder in die Erziehungsschule und verlangte voller Stolz, dass sie mich wieder aufnehmen sollten, egal, was passiert war. Im Grunde genommen hatten sie auch gar keine andere Wahl, denn es war mein abschließendes Schuljahr gewesen. Ich wusste, mein Wissensdurst von seither würde mich hier nicht im Stich lassen. Diese Erfahrung habe ich mit meiner Vergangenheit machen müssen, obwohl ich gedacht hatte, dass es mir nie weiterhelfen würde mit solchen Leuten wie in den Kliniken zusammen zu sein. Ich wusste, dass ich es in diesem Moment geschafft hatte. Ich konnte jeden Schritt weiterverfolgen und wusste was ich wollte und was mir noch fehlte. Ich wusste endlich, wo mein Weg hingehen sollte, auch wenn ich natürlich viele Wünsche nur als „leere Gedanken" abstempeln musste. Denn hier hatte ich dieses weise Sprichwort das erste mal verstanden: „Sei das, was du sein willst und tue nicht so, als seist du etwas, was du nicht sein kannst." Meine Freude an mein Wissen war in diesem Moment hochgestiegen und es gab in meiner gesamten Gefühlswelt nur die pure Freude. Ich erinnere mich noch, wie meine Mitschüler auch was davon mitbekamen, aber zu einem gewissen Teil auch in einen anderen Sinn, der mich wieder schlechter dastehen ließen sollte, als ich war. Ich hatte zwar meine wahren Wünsche gefunden, klammerte mich allerdings immer noch an vergangenen Gedanken, die dazu führten, dass mich die anderen Menschen in meiner Umgebung dort zwar für vernünftig, aber zu aufdringlich hielten. Ich denke, dies war schon wieder ein Zeichen dafür, wie mich die anderen sahen und wie sie sich doch von mir abspalten wollten, obwohl ich nur Gutes im Sinn hatte. Ich musste hier nur die Erfahrung machen, dass die Vergangenheit mich weiterverfolgen konnte, wenn sie es denn schaffte. Es änderten sich viele Dinge und Situationen in meinem Leben, die interessant und neu für mich waren, so dass ich sie einfach als dies auch wahrnahm. Irgendwie sagte mir eine innere Stimme schon, dass ich mich nur auf eine Sache konzentrieren sollte und dies war in dem Moment für mich einfach der Erfolg. Ich wollte den anderen langsam zeigen, wozu ich im Inneren fähig bin und was für ein Stolz mich umgeben konnte. In meiner Gefühlswelt gab es zu dieser Zeit nur einen Schutz, eine Blockade, die mich vor unschönen Gedanken schützen sollte, die mich immer noch verfolgten und die auch in bestimmten Verhältnissen immer wieder mal vorkamen. Dies war das erste Mal, in der ich mich nicht auf meine Gefühlswelt konzentrieren konnte, das gesamte Jahr über tatsächlich nicht. Es war dort dieses Schutzschild, dass mich schützen wollte vor diesen Zeiten. Ich war nicht verleitet worden davon, sondern ich wurde davon dazu gebracht, mich nur auf ein Ziel zu konzentrieren. So einen Fokus habe ich zuvor noch nie erleben können. Diese Erfahrung war für mich diese, dass die eigene Gedanken- und Gefühlswelt mich auch mal alleine lassen kann, nur zu dem Zweck, dass ich mich auf dieses Ziel, dieses doch so wichtige Ziel für mich und meine Welt, mein Leben fokussieren und dafür kämpfen konnte. Es gab nur diesen freien Kopf, den ich mir selbst aufzwang. In diesem Schuljahr musste ich an mehreren verschiedenen Orten anwesend sein für meine Schullaufbahn. Ich denke, dass diese Zeiten doch in einer gewissen Art die schwersten für mich wahren, da ich mich nicht auf die neuen Menschen und auf die neuen Aufgaben und Eindrücke einlassen konnte. In diesem Moment konnte meine Vergangenheit doch auf mich zurückgreifen, was mir aber keine Angst machte, da ich immer meinen Willen, etwas Neues zu lernen bei meiner Seite hatte. Und auch in den Zeiten, in denen die anderen Menschen von mir etwas anderes erwarteten oder dies auch als sehr störend und eigenartig von mir fanden, dass ich ihnen auch helfen und belehren wollte, konnte dieser

eine Gedanke nicht fortgehen. Ich
war in diesem Moment dazu
bestimmt, dies zu tun. Man sagte mir,
dass dies nicht Auftrag sei, die
anderen Menschen zu ermahnen, aber
ich tat dies weiter. Ich hielt trotz
allem immer eigenartiger Weise an
meine Belehrungen aus der
Vergangenheit fest. Ich konnte in
dieser Zeit nichts anderes tun als
weiterzumachen. Manchmal kam mir
diese Zeit so leer vor. Ich stellte mir
aber wieder die Frage, warum dies so
war. War ich müde davon, was mir
passierte, sollte ich etwas Bestimmtes
lernen oder sollte ich lernen, auf die
anderen zu hören? Ich kann es heute
nicht mehr genau sagen, was es war.
Aber mein Gefühl lies mich

weitermachen und es täuschte mich nicht. Ich wollte weitermachen, ich wollte den Menschen in meiner Umgebung helfen, egal, ob sie dagegen waren oder nicht, denn irgendwann, das sagte ich mir immer wieder, würden sie es doch verstehen und meine Hilfe annehmen. Das war meine Lehre und auch mein Sieg, als solches würde ich es vielleicht bezeichnen. Es war nicht nur eine Freude für manche wenige, die auf mein Wort hörten, sondern vor allem eine Freude für mich, diesen Stolz auszukosten. Mir fällt hier ein Spruch des bengalischen Dichters und Philosophen Rabindranath Tagore ein: „Wer Bäume setzt, obwohl er weiß, daß er nie in ihrem Schatten

sitzen wird, hat zumindest
angefangen, den Sinn des Lebens zu
begreifen." Ich denke, es war diese
Weisheit, die mich zu dieser Zeit
begleiten sollte und ich hätte auch nie
erwartet und es glauben können, dass
mit einem starken Willen sich die
eigene Gefühls- und Gedankenwelt
quasi von selbst abschaltet um ein
gewisses Ziel zu erreichen. Dies war
meine große Erfahrung zu jener Zeit
und diese sollte mir im späteren
Leben sehr weiterhelfen und noch
größer werden. Was ich in diesem
Moment suchte, war eine Kraft, die
mich leiten und in bestimmter Zeit
führen und bei mir sein konnte. Eine
Kraft, die mich befreite, denn ich
fühlte mich immer noch nicht frei zu

dieser Zeit, trotz meines Stolzes. Irgendeine besondere Kraft sollte meine Stärkung sein, von der ich immer wusste, sie würde mich befreien. Ich weiß nicht ob ich sagen kann, dass ich mir so etwas wie eine leitende Kraft, einen Anführer gewünscht habe, ich denke aber mehr, dass ich nur meinen Frieden wollte. Einen Frieden in und nicht über mir. Es sollte schon lange Zeit für meine Bekehrung sein, aber ich wusste noch nicht, wann diese Zeit kommen sollte für mich. Ich suchte eine Lösung mit meiner inneren Welt vor allem in der spirituellen Ebene. Meine Gefühlswelt sollte weiter ausgefächert werden und ich wollte klare Antworten haben. Das war eine

Erfahrung, die mich bis heute getragen hat. Ich suchte nur nach der Wahrheit und nach einer klaren Lösung, einem klaren Ziel in jemanden, den ich liebte und der mir immer, egal wann, wie und wo, zur Seite stehen würde und mit mir geht, Schritt für Schritt. Eine Erleuchtung wartete auf mich.

Kapitel 8

Meine Bekehrung

Es war soweit, der Tag meiner Bekehrung war gekommen. Endlich wusste ich, dass ich befreit werde von meinen innerlichen Bewegungen, die mich aus der Vergangenheit her immer noch aufhielten. Ich wollte in diesem Kapitel kurz meine Bekehrung zu Jesus Christus beschreiben, da dies ein sehr kurzer und wichtiger Schritt in meinem Leben war. Und vielleicht auch deswegen, weil viele Leute es nicht verstehen können, was wirklich der Herr verlangt. Ich möchte zeigen, dass sich die Bekehrung und mein Glaube sich ganz anders anfühlen, als vielleicht zuerst gedacht. Ich suchte nach einer inneren Wahrheit, einer inneren Stimme, die mich von meinen festgelegten Regeln aus der Vergangenheit losriss. Dem Herren zu vertrauen und sich ihm unterwerfen hatte für mich eine ganz andere Bedeutung, als zu mancher interpretieren würde. Ich unterwarf mich ihm, damit ich mich ihm anschließen und ihm alles sagen konnte, ich wollte ihn annehmen als meinen Heiland. Die Freude kann man nur erhalten und fühlen, wenn man sie annimmt und sich voll und darauf konzentriert und das ist bei jedem kleinen Interesse so. Jesus bat mir das, was er versprach in seinem Wort. Es war diese Liebe in mir und die Freude, dass ich es endlich verstanden und einen Teil der Lebensprüfung bestanden hatte. Das „kindliche Einlassen" bedeutete nur, dass man die guten Dinge endlich erkannte und sich darauf voll einließ, dies anzunehmen, was gut ist. Es befreite mich von aller meiner Schuld und von meinen Gewissensbissen. Es geht mir um die Liebe zu den anderen in mir und zur gesamten Schöpfung, die Natur. Ich suchte danach, weil ich in der vorherigen Zeit zwar eine Leere spürte, sie aber von meinem Stolz, etwas zu schaffen, einfach mal ein Mensch zu sein, übertroffen wurde. Ohne die Liebe sind wir verloren, das erkannte ich schon früh genug. Ohne Liebe können wir keine Menschen sein, das habe ich für mich herausgefunden. Jesus bedeutet für mich die Liebe zu finden und das Richtige zu tun: Buße. Es zeigte mir die Gemeinschaft mit etwas Reinem, etwas völlig heilendem, etwas, das die Liebe in uns Menschen erweckte. Als ich das erfuhr und ich vor dem Altar stand um um Vergebung zu bitten, erfüllte mich sofort eine wundervolle Kraft, eine seelische Befreiung und Entlastung, da ich mich jetzt ganz bewusst darauf einlassen konnte, mich selbst zu finden, meine Seele kennenzulernen, einfach damit, in dem ich Gutes tat, in dem ich Buße tat. Meine

Vergangenheit, in der ich gewiss auch vieles falsch tat, dazu gehört auch, dass ich mich an diese falschen Lehren hielt, mit denen ich viele meiner Mitmenschen auch belastete, war hinter mir und ich konnte aus ihr lernen und für meine Zukunft das Richtige tun, einfach ein Mensch zu bleiben und zu lieben. Das war mir immer wichtig gewesen, wie ich es in diesem Moment erkannte. Ich redete danach noch über alles mit einem Seelsorger, den Ältesten aus der Gemeinde. Es war eine Befreiung in diesem Moment. Einfach nur das, die Liebe, war ein Grund für mich, das zu tun. Ich wollte mich auf gar keinen Fall diktieren lassen, aber ich wollte mich selbst besiegen und alles hinter mir lassen, was mir schadete, und daraus lernen, was vergangen ist. Wie mir auch ein Prediger sagte, wenn man Jesus nachfolgen will, muss man es von Herzen tun. Man muss Buße tun und auch dabei ganz mit klaren Verstand gehen. Wenn ich an früher oder an morgen denke, ich also mit meiner Gedankenwelt wo anders bin als nicht im heute, wie kann dann meine Buße was bewirken? Ich halte mich an das, was prophezeit ist und dazu gehört es, die Liebe in diesem Moment zu genießen und sie zu leben. Vereinfacht möchte ich hier ein Sprichwort aus Asien mitgeben, die genau das beschreibt, was ich in diesem Moment ganz neu mitbekam und völlig fühlte.: „Das gestern ist

Geschichte, das Morgen nur Gerüchte, doch das Heute ist die Gegenwart und die zu erleben ist ein Geschenk." und „Aus Liebe leben, das heißt unaufhörlich weiter gehen, den Frieden und die Freude in die Herzen der Menschen zu säen." Ich wusste zu dem Zeitpunkt noch nicht, wie sehr ich diesen Gedanken noch für meine Zukunft benötigen werde. Es begann ein neues Kapitel, obwohl man in diesem Moment denkt, man habe jedes Ziel in seinem Leben erreicht, aber dann kommt nochmal ein ganz anderer Teil der Prüfung hinzu. Eine Prüfung, die nichts aussagen wird. Die Bibel im Lukas-Evangelium Kapitel 9 Vers 23 steht geschrieben: „Da sprach er zu ihnen allen: Wer mir folgen will, der verleugne sich selbst und nehme sein Kreuz auf sich täglich und folge mir nach." Dieser Vers bedeutet einfach, dass wir jeden unserer Probleme, unserer Sorgen und unsere Gedanken vor dem Herren Jesus bringen können um sich selbst davon zu befreien. Man muss sich selbst zugestehen, was passiert ist in seinem Leben und nur mit einem willigen Herzen, das Gutes tun möchte, kann man diese alle Dinge von sich loswerfen, alle schlechten Gedanken, die man hatte, einfach wenn man die Liebe akzeptiert. Wie ein Musiker auch sagte: „Bereuen ist sinnlos, das Leben ist gelebt." Es bedeutet, dass wir nicht traurig darüber sein müssen, was passiert ist oder was wir auch getan haben. Es gehört zu seinem Leben dazu und es sah mal bestimmt schlecht aus, aber man ist seinen Weg einfach weiter gegangen, man versuchte das Beste daraus zu machen, und dann wird man früher oder später schon sehen, wie weit man tatsächlich gekommen ist und man wird vor einem Punkt stehen, in dem es viel besser aussehen wird, als zu dem einen Zeitpunkt. Man kann entweder Trübsal blasen oder man kann aus der Vergangenheit lernen. Und dies benötigte ich ganz dringend für meine Zukunft, die nicht voraus zu sehen war. Eine nichts aussagende Zukunft stand mir bevor, denn ich hätte nie gedacht, dass diese Dinge auch noch passieren sollten.

Kapitel 9

Die nichts aussagende Zukunft

Das wird jetzt das Kapitel sein, dass mich seit meiner Bekehrung bis heute verfolgt und was ich auch noch nicht das Ziel, was ich in meiner Gefühlswelt noch habe, nennen werde. Ich denke, dies ist meine schwerste Zeit, aber eigentlich weiß ich gar nicht, ob dies meine schwerste Zeit ist, denn es ist einfach zu viel passiert, um dies genau bestimmen zu können. Als ich mich bekehrte dachte ich, dass ich meinen Frieden, mein Ziel schon gefunden hätte, obwohl ich ganz genau weiß, dass ich von Jesus immer geprüft werde in meinem Leben. Es kam nach dieser Zeit so vieles auf mich zu, dass ich gar nicht richtig weiß, wo ich anfangen soll. Es begann damit, dass ich mir nach diesem ganzen Dasein in verschiedenen Schulen endlich mir etwas anderes suchen wollte. Ich war immer voller Zufriedenheit, da ich jetzt genau wusste, wie ich meinen Mitmenschen helfen konnte, da ich mich endlich von diesen Fesseln völlig falscher Auffassungen gelöst habe. Und dies war schon der erste Schritt zu dem, was noch auf mich zukommen sollte. Ich erkannte wieder Leute, die es auch nicht leicht hatten im Leben, aber es gab immer irgendwie einen Weg zur Freude, denn in meinen Gedanken war mein Friede, den ich mir wünschte. Ich bemerkte schon bald aber einen großen und wichtigen Zusammenhang zwischen den früheren Geschehnissen zwischen Akzeptanz und Verachtung. Was ich noch von diesen Leuten lernen und erfahren musste, lässt mir bis heute einen kalten Schauer über den Rücken laufen. Es brachen schon bald, wenn auch nur kurzfristige, Zwistigkeiten zwischen mir und meinen alten Freunden, die mich sehr prägten, aus. Es gab plötzlich immer wieder Streitigkeiten, die mich stutzig machten. Alsbald geschah aber etwas, was ich nur vom Hören her kannte.

Es war ein mir doch sehr nahe stehender Freund, der ein Einschnitt in meinem Leben wurde. Er gehörte auch zu den Menschen, die mit bestimmten Dingen in ihrem Leben zu kämpfen hatten. Als ich aber erfuhr, dass dieser eine Mensch gestorben ist, wusste ich nicht ganz genau, wie es zwar weitergehen sollte, hatte aber die Ruhe bewahren können. Dies war ein erster Schlag für mich, den ich in dieser neuen Zeit hatte. Es war das erste Mal in meinem Leben, dass jemand von so nahe gestorben ist, ein guter Freund, der auch noch so jung war. Allerdings konnte ich damit gut umgehen. Es war auch zu dieser Zeit ein ehemaliger Freund, mit dem ich doch

nichts mehr weiter zu tun haben
wollte. Ich hatte die Freundschaft
zwischen uns abgebrochen, warum
das aber so war, konnte ich mir nur
dadurch erklären, dass er mich auch
mal ausgenutzt hatte. Mich traf sein
Tod trotz all dem sehr. Mit so etwas
umzugehen scheint zwar schwer, ich
wusste aber, dass ich weitermachen
sollte und das Leben weiterging, ob
ich es wage oder nicht. Zu malen
wurde dieses Gefühl aber härter, da
mich auch des öfteren Freunde
verließen, die ich sehr geliebt hatte.
Ich fragte mich, warum ich immer
wieder Streitigkeiten mit ihnen hatte.
Wir versuchten uns im Einzelfall
immer wieder auszusprechen, auch
wenn es sein musste mit Tränen. Aber

immer wieder kam es zu solchen Zeiten. Was meine Eltern in dieser Zeit gefühlt hatten, kann ich nur schwer sagen, aber sie blieben immer stark und auf meiner Seite. Ich konnte nur auffassen, was passiert war, bis ich auf einen Gedanken stoß, der mein Leben grundlegend veränderte, so glaube ich heute. Ich fand früher oder später heraus, dass mich die Menschen in meiner Umgebung nur so haben wollten und mich nur so akzeptierten, wie sie es wollten. Das war also diese eine Erklärung, die ich auf diese Frage gesucht hatte. Das war endlich das rettende, wenn auch sehr schwierig zu tragende, Ergebnis. „Der erste Schritt ist der Schwerste und der Wichtigste." Das war es, was ich mir im Unterbewusstsein sagte. Jetzt war es so weit, ich musste auf mich allein gestellt zu mir finden. Jetzt erkannte ich, dass es mehr Feinde um mich herum gab, als ich immer dachte. Denn so eine Einstellung der Menschen konnte nur etwas Feindseeliges haben. „Sie verführen und werden verführt." Solche Gedanken ließen mich nicht mehr los bis zum heutigen Tag und später erkannte ich dadurch, dass ich meinen Frieden doch noch nicht gefunden habe und das die Prüfungen noch weitergehen sollten, die ich bestehen sollte. Ich wurde geprüft auf Herz und Seele, das bemerkte ich sofort. Es gab in dieser Zeit viele Orte und Leute, von denen ich mich einfach nur loslösen will, aber es gab immer wieder auch Leute, die immer Gutes im Sinn hatten, trotz all dem. Ich wusste nicht in dieser Zeit, wie mir bekam. Es gab so vieles, was ich neu verstand. Ich sollte nur zuerst mich selbst finden und das ganz alleine. Später kamen die wenigen Leute hinzu, die alles andere ablösen konnten. So wurde mein Leben bestimmt zu dieser Zeit. Ich erkannte allerdings auch eine große Freude darin, was mir passierte, die Freude darin, sich auf die kleinen Momente im Leben zu verlassen, die aber einem gut und groß vorkommen werden. Alles sollte ich erst einmal so annehmen. Es zog sich weiterhin eine Zeit durch die nächsthöhere Schule,

die mir ebenfalls wiederum viele neue
Dinge präsentierte, vor allem die
Gruppen, die es da gab an Menschen.
Ich fing an, verschiedene Gruppen
von verschiedenen Menschen in
Schubladen zu stecken. Es gab für
mich mehrere Welten von Menschen,
die so weit weg voneinander waren,
obwohl ich wusste, dass jeder
Mensch doch nur ein Mensch ist. Ich
habe Unmenschlichkeit in dieser Zeit
erfahren, das war meine Erfahrung in
dieser Zeit, die mich begleitete und
sie war nicht eine normale Erfahrung,
sondern eine sehr schwere. Ich verlor
so vieles, was mir einmal etwas
bedeutet hatte, nicht nur verschiedene
Wünsche, sondern auch verschiedene
Menschen, die schon da waren und

dann gingen. Ich habe meine Freunde, die eigentlich schon immer für mich da waren und die ich schon so lange kannte, verlassen. Selbst etwas für sie tun konnte ich nicht mehr. So musste ich diese Erfahrung kennenlernen, bis ich sie auswendig wusste. Meine Freude lag darin, dass es immer noch Personen gab, die ich in mein Herz geschlossen hatte. Auch solche, die ich in dieser Zeit kennenlernte und die auch in dieser Zeit wieder gehen mussten. Ich war der Erste der sagte, dass die anderen von mir weggehen sollten, aber sie kamen immer wieder und versuchten mich in ihre selbst erschaffene Schande zu bringen. Sie dachten, es sei so gut und es sollte sich nicht daran ändern. Und aus diesen Gründen habe ich auch, dies zu tun. Jeder wollte mich nur so haben, wie sie es wollten. Man spaltete sich in Parteien, um gegeneinander zu kämpfen. Und ich lag immer in der Mitte davon. Das war diese Unmenschlichkeit, die ich erfuhr. Sie stellten sich höher als mich und versuchten, mich für sich selbst zum Eigennutz zu gewinnen. Wie oft schon musste ich dagegen kämpfen. Heute in meinem Alter jetzt habe ich es geschafft, mich von diesen Dingen zu befreien, ein für alle mal, aber es kamen immer wieder neue Probleme auf, die ich zu bekämpfen hatte, jetzt nur mit meinem eigenen klaren Verstand. Ich machte mir doch schon Sorgen um die Zukunft, obwohl ich weiß, dass man nur einfach weiter nach vorne gehen soll. Warum mache ich mir so viele Gedanken darum, was passieren soll? Egal, was mit mir passiert, es wird immer Glück geben und ein Ziel, dass man immer erreichen wird. Neulich hörte ich auch von diesem Sprichwort: „Glück ist kein Ziel, es ist ein Nebenprodukt." Ich denke, mit dieser Zeit kann ich diesen Spruch gut genug erklären. Jetzt sind wir zusammen in den heutigen Tagen angekommen und ich kann doch von mir behaupten, dass ich viel weiser geworden bin, als ich es mir jemals hätte vorstellen können. Egal, was passiert, ich warte auf die Zukunft und lasse den Herren voran gehen.

Was mir auch passieren wird, es geht
mir viel besser als früher, als ich noch
andere Menschen, andere Zeiten um
mich hatte. Ich habe erkannt, dass
etwas, was man viele Jahre selbst
kennengelernt hat, nur Teil einer
Prüfung sein kann, die man nur
beenden muss und die dann vielleicht
nie wieder auf mich zukommen wird.
So war es selbst mit meinen
Freunden, die ich Jahre lang
kennengelernt habe. Vielleicht kommt
ja danach auch etwas neues, das man
nie erwartet hat, was gut ist und was
bleiben wird. Wie die Weisheit, wie
die Menschen und wie die Gefühle
die man hat. All das sucht sich
manchmal auch selbst den Weg. In
dieser Zeit kann ich nur sagen, dass

mich mein Wissensdurst nie im Stich gelassen hatte. Denn mein Leben ist jetzt doch von einer tiefen Freude erfüllt. Ich suche damit, mit dieser Freude, weiter nach meinem Ziel. Aber ich bin doch nur ein Mensch wie jeder andere auch und genauso könnten die anderen auch leben. Vielleicht ist das auch der gute Weg, vielleicht sollte man das gerade, wie ich es erlebt habe, mit seiner eigenen Weisheit abschließen. War das die Prüfung, die ich bestehen sollte mit meiner Neugier?

Schlusswort

Das ist das Ende meiner Geschichte des Aufwachsens. Dieses Buch schrieb ich aus Gründen, die ebenfalls mein leben betreffen. Jedes Kapitel sollte aufeinander aufbauen. Es kam mir auch so vor, als würde sich jedes Kapitel in meiner Jugend vom vorherigen Kapitel ergänzen, da alles irgendwie eine perfekte „Symphonie" ergab. Ich sehe noch heute zu viele Leute, die zwar genau, auch wenn sie es manchmal nicht völlig zugeben möchten, wie ich denken und fühlen, aber sich mit „Kulturen" auseinander setzen, die ihnen nicht gut tun. Und nur durch dies wird das Leben einer hochsensiblen oder hochempfindsamen Person vollständig auf dem Kopf gestellt. Ich habe mich, wenn auch nicht sofort, dafür entschieden, dass dieses Buch all zu lange sein soll, weil ich meine Erlebnisse auf einem bestimmten Punkt, eine Erfahrung oder auf eine bestimmte, passende Philosophie komprimieren wollte. Und warum? Wie soll ich das ins Detail erklären? Es gibt verschiedene Gründe. Zum einem möchte ich natürlich auch solchen Leuten, die auch solche Erfahrungen, egal, wie schmerzhaft sie auch manchmal sein mochten, helfen und ihnen sagen, dass man gerade auch seine Gefühle oder seine Gedankenwelt nicht systematisch verlagern soll, wie viele es tun. Die meisten Menschen suchen sich ein „Hamsterrad" in ihrem Leben, dem sie die ganze Zeit über folgen oder es zumindest „versuchen". Auch hochempfindsame Menschen tun dies, hier aber nur auf Grund ihrer gigantischen Gefühlswelt. Und so kommen wir zum zweiten Grund, warum ich das Buch schrieb. Hier gilt das gerade auch für andere Menschen mit ähnlichen oder gleichen Gedanken, aber dieser Grund gilt hier vor allem für mich. Ich wollte selbst mal meine Gedanken aufschreiben und zu Papier bringen, einfach um das alles irgendwie auf irgendeiner Weise zu verarbeiten. Ich habe aber auch hier für mich erkannt, dass ich mich dadurch auch selbst besser

kennenlernen konnte. Und das soll
ein jeder tun, der mit irgendetwas in
seinem Leben zu kämpfen hat,
einfach das Gedankenkarussell
anhalten und seine Gefühlswelt
verstehen, so dass man sie genießen
kann. Die letzten Kapitel dieses
Buches sind, mir mehr oder weniger
bewusst, nicht in jedes Detail
gegangen, was in meinem Leben
passierte und was für Gefühle und
Gedanken ich dabei hatte. Denn ich
sehe selbst, dass wenn man zu sehr in
die Vergangenheit blickt und sich
nicht mal auf sein jetziges,
erwachseneres Leben bezieht, dass
man vielleicht denkt, dass einem die
Gefühle verlassen und sich viel
schlimmer an etwas anpasst, was

einem nicht gut tut, vor allem im Bereich der Gesellschaft. Ein früherer Freund sagte mir einmal, dass er seine Gefühlswelt nicht oder schon fast überhaupt nicht mehr so empfindet, als er jünger war. Diese Person meinte, dass ihre Gefühle sie verlassen würden. Aber das stimmt so nicht. Ich habe erkannt, dass man sich einfach im Laufe des Lebens daran gewöhnt, sich seinen Gefühlen erkenntlich zu zeigen, man möchte sie nicht mehr für sich behalten und wenn man sich seine Freunde gesucht hat, die einem auch zuhören, dann lässt man diese Gefühle eher heraus. Man muss sich einfach im Klaren darüber sein, dass man jedes Gefühl einfach genießen sollte, wenn es da ist. Man kann sich in Erinnerungen hineinsteigern um an solche Gefühle zu kommen. Man sollte seine Gefühle einfach freien Lauf lassen und nicht auf sie warten, denn nur dann kann sie die gesamte innere Welt frei entfalten, so wie der ein oder andere es gerne haben möchte. Das war der Grund, warum ich nicht mehr ins Detail ging, weil ich einfach diese Erfahrung gemacht habe und damit das Leben einem einfach wird. Man muss immer versuchen, sein Leben so simpel zu halten, wie es nur geht und selbst entscheiden, wann man ganz genaue Gedanken braucht und wann man sein Leben einfach freien Lauf lassen sollte. Ich beschäftige mich, auch wenn es mich doch noch manchmal trifft, mit der heutigen Zeit, mit meinem jetzigen Kapitel, stemple aber einfach alles als Lebenserfahrung ab und als etwas, worüber ich und alle anderen um mich herum später in einigen Jahren darüber lachen werden. Und auch, wenn so viele Dinge der Vergangenheit angehören, auch bestimmte Menschen, obwohl man Jahre dachte, dass sie einem gut tun und für immer bleiben werden, dennoch kann sich alles verändern und dies ist aber auch etwas Gutes. Wenn sich etwas verändert, kann unsere innere Welt immer weiterwachsen und das brauchen wir um unser Leben friedlich und in aller Heiterkeit zu Leben. Ein spanisches

Sprichwort sagt: „Wenn sich eine Tür schließt, öffnet sich eine andere." Ich sehe dieses Sprichwort so, dass wir nicht viel darüber nachdenken sollten, was passiert ist, sondern immer die Dinge ausprobieren sollten, die uns noch bevorstehen oder die uns sogar angeboten werden. Und so kann man Erfahrungen sammeln und daraus lernen für ein nächstes Mal. „Wir müssen uns darüber im klaren werden, dass wir auf dieser Welt sind um uns angenehme Empfindungen und Gefühle zu bereiten." Und wir sollten auch in die Zukunft blicken. Aber dies können wir nicht tun, wenn wir darüber nachdenken, was denn in unserer Zukunft passieren wird, sondern wir sollten uns nur mit unseren Gefühlen, unser Innenleben beschäftigen, damit die Zukunft auch bunt wird. Manchmal muss man einfach auch unterscheiden können, was einem gut tut und was nicht, weil dies uns Menschen manchmal nicht auffällt. Und um diesen Unterschied machen zu können, müssen wir unseren Willen für Neues anschalten. „Wahres Glück besteht im loslassen, nicht im sammeln und bewahren." Dies gilt nur für die Dinge, die einem Menschen auch wirklich gut tun. Und man muss für alles einen guten Grund haben und auch sich darüber im Klaren sein, warum man dieses Gefühl so liebt. Ein etwas lustiger gehaltenes Sprichwort aus Asien sagt: „Eine Freundschaft ist wie eine Tasse

Tee. Sie muss klar und durchscheinend sein und man muss auf dem GRUND schauen können." Als ich dieses Wort verstanden habe, freute ich mich nur noch ums so mir und es gab mir Mut. Ich möchte alle Menschen auf dieser Welt, sowohl hochempfindsame als auch alle anderen Menschen, darauf aufmerksam machen. Die Menschen versuchen auf bestimmte Lebensweisen zu achten, die einem an die Gesellschaft binden. Aber wahre Freundschaft kann nur entstehen, in dem die Leute um einem herum, diese Person völlig akzeptieren. Alle Menschen auf der Welt sollten einen Gang zurückschalten und mehr auf Neues achten in ihrem Leben. Und auch darauf, was sie in ihrem Leben möglicherweise falsch oder richtig gemacht haben. Menschen, die diesen gleichen Wunsch haben wie ich, werden den anderen Menschen das Gleiche meist etwas anders mitteilen, gemeint ist doch damit dasselbe. Ich wollte mit dem Schreiben dieses Buches eigentlich viel früher anfangen, ich wusste aber, dass mir eine besondere Lebenserfahrung noch bevorsteht und wollte erst einmal abwarten. Heute fühle ich mich zu vielem bereit, viel mehr als damals, als ich alle meine Gefühle erst noch überblicken musste. Ich bedanke mich bei allen Menschen, die mich unterstützt haben und die mich noch unterstützen werden, und damit meine ich auch die Menschen, die mich auf Neues hinweisen wollten, einfach um zu erkennen, was ich möchte und brauche und was nicht. Allen wünsche ich ein gesegnetes Leben.

Herstellung und Verlag:
BoD - Books on Demand,Norderstedt
ISBN 978-3-7448-8272-9